LA MAGIA ESTÁ EN LA OTRA MILLA

LARRY DiANGI

La magia está en la otra milla
por Larry DiAngi

© Copyright 2018 Larry DiAngi

Derechos reservados.

Ninguna parte de esta publicación puede ser reproducida, almacenada en un sistema de recuperación o transmitida en cualquier forma o por cualquier medio – sea electrónico, mecánico, digital, fotocopiado, grabado o cualquier otro – sin la previa autorización escrita de Editorial RENUEVO.

ISBN: 978-1-942991-97-7

Publicado por
Editorial RENUEVO LLC

www.EditorialRenuevo.com
info@EditorialRenuevo.com

Contenido

1. Yendo más allá de las millas comunes 9

2. Tu sueño se hace realidad a través de las millas excepcionales 43

3. Sustitución de pensamiento: Renovando tu mente y emociones 49

4. La masa crítica crea libertad 77

5. El principio del mentor 117

6. El poder de un Programa Diario 147

7. Aprendiendo a volar 199

*Dedicado a mi esposa y a mi mejor amiga, Julie.
Eres una inspiración continua para mí.
Gracias por el maravilloso regalo de tu amor.*

La magia está en la otra milla

Introducción

La mayoría de ustedes desean la mejor vida posible. Por lo general, no te rindes ni te conformas con menos porque quieres menos. Una razón principal por la cual muchos de ustedes fallan en sus metas es porque carecen de los pasos específicos necesarios para mantener sus mentes, fuerzas de voluntad y emociones continuamente renovadas para mantenerse enfocados con suficiente energía alta para recorrer la distancia.

Tu propósito de libertad en la vida es tu derecho de nacimiento. Fuiste creado para disfrutar de abundancia y libertad en cada área. La **otra milla** no tiene por qué ser estresante ni agotadora. Al practicar diariamente los principios confiables que encontrarás en este libro, puedes recorrer tu otra milla con más energía, enfoque e impulso que en cualquiera de las etapas anteriores de tu jornada.

Tomar la acción necesaria para alcanzar tu más alto nivel nunca fue diseñado para ser una lucha. Si te mantienes enfocado **en tu propósito** en tu interior, entonces la manifestación externa de tus sueños se convertirá en un flujo natural del enfoque interno y la fuerza que estás desarrollando. ¡Si puedes mantenerte en buen camino en el **verdadero tú**, entonces tu vida externa también llegará a estar en buen camino!

Larry DiAngi

La magia está en la otra milla

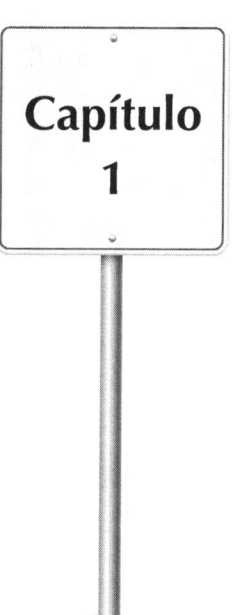

Capítulo 1

Yendo más allá de las millas comunes

«El propósito de un sueño es enfocar nuestra atención. La mente no intentará alcanzar logros hasta que tenga objetivos claros. La magia comienza cuando nos adueñamos de nuestro sueño. Es entonces que se enciende el interruptor, la corriente empieza a fluir y el poder para lograrlo se vuelve una realidad.»

—Autor desconocido

«Lo único peor que ser ciego es tener vista y no tener visión.»
—Helen Keller

La magia está en la otra milla

Existe una manera común de pensar que ha causado que la mayoría de las personas vivan sus vidas en un nivel inferior para el que fueron creadas a vivir. Muchas personas viven y mueren sin saber nunca quiénes son realmente. La idea errónea de que algunas personas nacieron para ser grandes mientras que otras nacieron solo para cumplir un destino de lucha y escasez debe ser corregida antes de poder disfrutar de la abundancia, el éxito, las bendiciones o la libertad. Si tú, mi amigo, conoces tu verdadera identidad personal, tendrás la habilidad de utilizar tu mente, voluntad, emociones y tu cuerpo como herramientas tal como fueron diseñadas a ser. Si no conoces tu verdadera identidad, lo más probable es que percibas erróneamente que tú eres el paquete exterior (el cuerpo, la mente, voluntad y emociones) e ignores la riqueza de quién realmente eres en el interior.

Vivir tu vida en un nivel superior o quedarte estancado en un nivel inferior es determinado en gran medida por qué tan capaz eres de mantener un control positivo sobre tu mente y emociones. Tu fuerza de voluntad y energía física se ven directamente afectadas por la condición de tu mente y tus emociones en cualquier momento. Estoy seguro que has tenido la experiencia de terminar una tarea importante o estar involucrado en algo que disfrutas de todo corazón. Podrá ser medianoche o la una de la madrugada, pero todavía estás lleno de energía. Tu fuerza de voluntad es tan fuerte que deseas poder encontrar algo más para aprovechar el impulso positivo que fluye a través de tu ser.

La otra cara de esta moneda es algo con lo que también estás familiarizado. Tú sabes cómo es haber tenido tus ocho horas de sueño completas y un buen desayuno y aun así sentirte desganado. Luchas a través de la mañana con poca energía; tomas un descanso para el almuerzo, esperando que algunas calorías o cafeína te levanten, pero es en vano. Por lo tanto, te arrastras a través del día. Si este ciclo descendente queda desatendido, puede convertirse en un hecho semanal o incluso, en un sentimiento de melancolía recurrente que podría durar largos períodos de tiempo. Por fuera, puedes aparentar ante los demás que estás avanzando a buen ritmo, pero en tu interior, estás muy consciente del hecho de que estás andando con el tanque vacío.

Los beneficios de apreciar la vida
Tu estado mental determina tu estado emocional; tu estado mental/emocional determina la fuerza de tu voluntad y, en gran medida, tu nivel de energía física. Tu calidad de vida también se experimenta en proporción directa en la medida que mantengas tu mente y emociones en un estado saludable y positivo.

Un programa de noticias a nivel nacional realizó un estudio de 50 personas que habían vivido más de cien años y seguían siendo felices con vidas activas. Los investigadores específicamente buscaron similitudes en la dieta, ejercicio, estilos de vida y hábitos que pudieran haber contribuido a su longevidad y calidad de vida. Lo que descubrieron fue asombroso. Sí, somos cada vez más conscientes de los grandes beneficios de llevar una dieta saludable y hacer ejercicio, y los investigadores esperaban descubrir que estos factores fueran los principales contribuyentes. Mediante un proceso de extensas entrevistas, el equipo de noticias descubrió que algunos de los participantes en dicho estudio tenían lo que sería considerado buenas dietas, pero otro número igual de personas no fueron tan inteligentes en sus opciones de alimento. El ejercicio y otras áreas de su estilo de vida tampoco eran un denominador común en todo el grupo. Sin embargo, dos cosas sí fueron ampliamente consistentes entre más del 90 por ciento de dichos estudios. ¿Cuáles fueron estas características consistentes? Nueve de cada diez dijeron que durante toda su vida, se despertaron cada mañana con una actitud de agradecimiento por un día más de vida—ellos veían cada día como un regalo precioso. Y nueve de cada diez expresaron que sentían que la vida era demasiado corta como para guardar rencores o desperdiciar el tiempo quejándose; ellos perdonaban a las personas rápidamente y no se permitían preocuparse por pensamientos negativos. ¡Vaya revelación!

Ahora, esto obviamente no es una aprobación para recargarse de alimentos fritos o dejar de hacer ejercicio. Tú definitivamente necesitas asegurarte de que los alimentos que ingieres sean buenos para ti, y es muy importante que seas fiel a algún tipo de programa de ejercicio físico. La cuestión es que mantener tu espíritu, mente y emociones en buen estado es un factor aún más importante para vivir una vida bendecida que cualquier cosa que hagas o no hagas físicamente.

Mantén una ventaja mental y emocional
La mente y las emociones pueden ser muy cambiantes. Una llamada telefónica con buenas noticias puede ponerte en las nubes, con sentimientos de que la vida es maravillosa, el futuro es brillante y todos tus sueños se harán realidad. Por el contrario, una llamada telefónica con malas noticias puede hundirte tanto que tendrás que mirar hacia arriba para ver el fondo. Lo cierto es que tu habilidad para procesar lo que percibes como una situación buena o mala, y la perspectiva positiva o negativa resultante, es una consecuencia automática de tu estabilidad emocional y mental en ese momento.

Muchas personas renuncian sus esperanzas y sueños de una vida mejor por causa de frustraciones nacidas de un sentimiento de que no pueden sostener suficiente fuerza e impulso mental y emocional, lo cual resulta en una falta de persistencia y resolución. Ellos verdaderamente desean vivir sus vidas en un nivel superior; y en alguna parte profunda de su interior, muchos individuos sienten que deberían estar disfrutando de una vida mejor de la que ahora están experimentando. Pero luego están esos viejos clips de vídeo recorriendo sus mentes y remontándolos a aquellos tiempos cuando intentaban vivir la vida en un nivel superior, y no resultó. Mentalmente, revisan imágenes y secuencias de acción de las veces cuando intentaron crear una vida más próspera. Empezaron motivados para ver más libertad espiritual, financiera, mental, emocional y física, así como una vida llena de relaciones mejores y amorosas. Luego ellos recuerdan la frustración que experimentaron y la decepción de recorrer el camino solo para toparse con un obstáculo que parecía insuperable.

Aunque saben que otros han surgido de circunstancias similares, ahora se enfrentan con el hecho de que están demasiado agotados mental y emocionalmente para seguir adelante. Incluso si la victoria estuviera a solo unos pasos, alcanzar el siguiente nivel más alto de realización—espiritual, financiero, en las relaciones o en cualquier otra área de la vida—parecería imposible por su agotado estado mental y emocional.

Mucho, si no la mayoría, del pensamiento común que la gente acepta como verdad no tiene fundamento en lo absoluto. La persona promedio evaluará una casa cuidadosamente antes de comprarla. Realizará una investigación del título, revisará las paredes del sótano por pérdidas de agua, inspeccionará la calefacción y muchas otras cosas. Cuando se compra un auto, dicha persona revisará cuántas millas tiene, las llantas, el motor y a los dueños anteriores. Pero esta misma persona aceptará la forma común de pensar y la adoptará como una verdad absoluta, sin pensarlo dos veces.

La única manera de crear libertad real es saber la verdad (como realmente es), la cual incluye la verdad acerca de ti. No naciste para dejar que la vida simplemente te suceda. Naciste con una capacidad creativa incorporada para vivir tu vida completamente a propósito.

Las propagandas, la educación, la industria publicitaria, Hollywood, los amigos, y miembros de la familia bien intencionados, junto a miles de otras influencias, han fustigado tu mente, enviando mensajes repetitivos que confirman que «puedes llegar hasta aquí en la vida y ni una pulgada más». Luego, para comprobar su punto, la gente que quiere mantenerte hundido (o tal vez no saben nada aparte de eso) se ofrecen como ejemplo: «¿Piensas que eres más especial que nosotros? Estamos satisfechos viviendo aquí abajo, y tú tienes que hacer lo mismo.»

Sigue fluyendo en tu conocimiento

Hace años, yo estaba intentando tomar una decisión acerca de algo muy importante, así que le pedí consejos a varias personas. Los comentarios que recibí fueron tan diferentes de una persona a otra que de hecho quedé más confundido después de recibir su consejo de lo que había estado antes de preguntarles. Quería dar un paso en mi vida que me pudiera traer grandes beneficios. Sentía que debía dar este paso aunque a simple vista parecía ser muy arriesgado.

Tomar riesgos es algo que tendrás que estar dispuesto a aceptar si quieres avanzar en la vida. Cuando sabes que es tiempo de avanzar, debes tomar acción donde sea que estés y con lo que tengas, sabiendo que los demás caerá en su lugar a medida que avances. La tendencia es querer que todo sea perfecto antes de avanzar al siguiente nivel. Comienza ahora con lo que tienes, y te asombraras de cómo las partes que faltan estarán allí cuando realmente las necesites.

Yo ya sabía que debía dar el siguiente paso e ir por ello, pero tenía temor de entrar en un territorio desconocido. Enfrentar la posibilidad de un cambio en la vida a menudo es un desafío, pero rara vez experimentas crecimiento en cualquier área de la vida sin estar dispuesto a cambiar de alguna forma. Trabajar con este principio de riesgo no es una cuestión de ser tonto, sino más bien de estar dispuesto a renunciar a lo que tienes ahora para poder ir por algo que tú crees que es mejor. A medida que fui quedando más y más desconcertado con respecto a continuar en lo que yo creía que estaba correcto, sabía que no tenía ninguna garantía del resultado. Por lo tanto, decidí posponer la decisión hasta que mi mente se pudiera aclarar.

Al siguiente día, estaba hablando con un grupo en Houston, Texas y la respuesta me llegó mientras estaba presentando mi discurso. Nunca había dicho estas palabras exactas antes en un discurso, y cuando salieron de mi boca, pensé: *Larry, necesitas vivir las palabras que acabas de decir.* Mientras estaba planteando algo importante en mi conferencia, dije: «Debemos trasladarnos desde un lugar de entendimiento hacia un lugar de conocimiento, y luego debemos seguir fluyendo en nuestro conocimiento». Cuando las personas traten de desalentarte o intenten contradecir el próximo paso de acción que tú sabes que necesitas tomar para fluir con tu propósito, necesitas recordar este principio: Nunca permitas que alguien te convenza de que tú no puedes ir a donde ellos todavía no han estado.

La mejor forma de enseñar principios es verte a ti mismo como el primer estudiante que necesita escuchar lo que estás diciendo, y yo probablemente necesitaba oír esas palabras más que cualquier otra persona en ese auditorio. Cuando examiné más detenidamente los consejos que había estado recibiendo de varias personas, me quedó perfectamente claro que las personas que tenían miedo del riesgo que yo iba a tomar nunca habían alcanzado el nivel más alto al cual yo estaba apuntando. Aquellos que estaban animándome para lograrlo ya habían alcanzado ese nivel más alto, y algunos de ellos estaban entre cinco y diez niveles por encima del siguiente avance que yo estaba buscando. Entonces, ¿a quién debería haber escuchado? ¿A esos que no lo habían logrado, o a aquéllos que lo estaban *logrando* y que *estaban* más adelante en el camino del éxito que yo?

Como puedes ver, la forma de pensar común de las personas me estaba sacando del camino. Aunque muchos de ellos pudieran haber sido bienintencionados, no tenían la experiencia o base de autoridad para aprovechar o hablar. Ignorar esta forma común de pensar es vital. Las bendiciones, experiencias y prosperidad maravillosa que son posibles llegarán naturalmente cuando canceles las ideas equivocadas limitantes que has aceptado como verdad.

El propósito triunfa sobre la dilación

Pospuse la escritura de mi primer libro por bastante tiempo, porque estaba esperando aprender a usar una computadora. No estoy orgulloso del hecho de haber resistido comprar una computadora durante años porque sentía que estaba demasiado ocupado para tomarme el tiempo de aprender a usarla. Como una estrategia alternativa, concluí que siempre podría encontrar a alguien a quien le pudiera pagar para que hiciera mi trabajo de computación.

Bueno, me las arreglé bastante bien con esas excusas, hasta que decidí escribir mi primer libro. Por fin tuve un descanso en mi programa de pláticas durante la parte del año que generalmente me tomaba como tiempo libre— el tiempo perfecto para escribir el libro—pero todavía no sabía cómo usar una computadora. Comenzar a escribir inmediatamente significaría que tendría que hacerlo de la forma difícil. Yo pensé: *Emplearé este tiempo libre para aprender a usar una computadora y después, en el siguiente descanso prolongado en mi agenda, escribiré el libro*. Revisé mi agenda; el próximo descanso era en ocho meses. Tenía que tomar una decisión: ¿Iba a esperar otro año o iba a aprovechar el momento ahora, aunque significara que tendría que trabajar más duro? Sabía en mi corazón que ya estaba atrasado en darle vida a este libro, por lo que sería mejor llevar a cabo el parto y el alumbramiento del libro ahora, o sino enfrentar el riesgo de un aborto, lo cual podría alimentar mi indecisión por varios años más. Terminé escribiendo todo mi primer libro con bolígrafo y blocs de notas. Sobra decir que no fue la manera más fácil de hacerlo.

Poco tiempo después, mi primer libro, **El poder resiliente del propósito**, (previamente titulado **Cómo estar dirigido al propósito**), fue lanzado y se vendieron más de 120.000 copias. Cuarenta mil libros adicionales fueron imprimidos, enviados y distribuidos a las personas que habían ordenado copias del libro en los Estados Unidos, Canadá, Australia, Noruega, Suecia y muchos otros países. Adicionalmente, recibí otra orden por más de 9.000 libros que fueron a India, Malasia, Japón, China, Sudáfrica y varios países más. Recientemente, otra orden de 15.000 copias está siendo procesada para Australia.

Cuando comienzo a sumar los números mientras las órdenes siguen llegando, es alucinante pensar en cuántas copias de ese primer libro serán compradas y distribuidas en todo el mundo en los próximos años. Después de vender tantas copias y recibir una avalancha de cartas, llamadas telefónicas, correos electrónicos a través de mi sitio web *(www.larrydiangi.com)*, y declaraciones alentadoras en eventos en vivo sobre cómo el libro ha bendecido y cambiado vidas, he olvidado todos los cientos de horas que pasé con dedos doloridos, bolígrafos y blocs de notas.

Me gustaría añadir aquí que sí comprendí el hecho

de que resistirme a la idea de ponerme al día con los conocimientos informáticos era algo que tenía que superar. Me lancé de cabeza para descubrir el mundo maravilloso de las computadoras, y ahora no hay vuelta atrás. La computadora forma parte de mi vida diaria; siempre estoy descubriendo nuevas formas de ahorrar tiempo y ser más efectivo y creativo. Escribí este libro en mi computadora portátil—y no, no me gustaría regresar a las plumas y blocs de notas. Sin embargo, en aquel entonces tenía solo dos opciones: Tenía que comenzar donde estaba y con lo que tenía, o dejar que la indecisión me robara entre ocho meses y un año de mi vida.

¿Quién dice que es imposible?
Algunos individuos evitan hacer algo nuevo en sus vidas porque piensan que podrían decepcionarse; por lo tanto, se pierden algunas de las aventuras más grandes. Amigo mío, tú puedes aprender el arte de *dudar de tus dudas*. En otras palabras, en lugar de decir que estás seguro de que no funcionará porque todo no está configurado perfectamente, tú puedes decir: «¡La vida es tan incierta que es imposible estar 100% seguro de que fallaré!». Aunque las cosas no salgan a la perfección como lo habrías esperado, has aprendido *cómo hacerlo* y *hacerlo mejor* la próxima vez que lo intentes.

Un bebé tropezará y se caerá muchas veces antes de aprender a caminar, pero ese niño tiene la ventaja de no saber que no está caminando perfectamente. Por lo tanto, ese pequeño simplemente continúa levantándose para dar otro paso. A veces hay una gran bendición en no estar consciente de lo que supuestamente no puedes hacer; solo sigues avanzando con la convicción de que es posible.

Un jovencito estaba sentado en su salón de clases de

séptimo grado un viernes por la tarde. Aunque solo quedaban 15 minutos antes de que él y sus compañeros salieran para el fin de semana, él sentía ganas de ir al baño y sabía que tendría que actuar rápido. Levantó su mano y le pidió al maestro que le permitiera ir al baño. Con el permiso del maestro y un gran sentido de urgencia, dejó el salón. Al regresar al salón de clases, miró el reloj y notó que solo quedaban cuatro minutos del día de escuela. Sus ojos también notaron inmediatamente que algo nuevo había sido escrito en el pizarrón al frente del salón. Pensó: *Bueno, casi salgo para el fin de semana sin tarea; pero el maestro solo nos dio dos problemas matemáticos para resolver y puedo terminarlos en poco tiempo*. Con esta perspectiva optimista, rápidamente anotó los dos problemas, cerrando su cuaderno mientras sonó el timbre y el resto de la clase se condujo hacia la puerta.

Se fue a casa y decidió que se apuraría con la tarea después de la cena para así no tener que pensar en la escuela por el resto del fin de semana. Tal como lo planeó, entró a su cuarto después de lavar los platos de la cena y fue directo a su escritorio. Le sacó punta a un lápiz nuevo y abrió su cuaderno, anticipando un reto matemático de 10 a 15 minutos. Pasaron 30 minutos, 45 minutos, y una hora más— todavía estaba trabajando en el primer problema, sin éxito. Su silla chirriaba mientras él se reclinaba hacia atrás sobre las dos patas traseras, frotándose los ojos y pensando a sí mismo: *El maestro se debe haber equivocado; este trabajo de matemáticas debe ser para una clase avanzada. No deberían darnos tarea tan difícil*. No obstante, estando determinado a sacarse de encima esa tarea, volvió a darle otro intento. Pasaron otros 30 minutos; él estaba mentalmente fatigado, por lo que decidió jugar a la pelota con sus amigos y regresar el sábado por la mañana para vencer este desafío.

A la mañana siguiente, después de comer rápidamente un tazón con cereal, nuevamente se dirigió directamente a su cuaderno, con aún más determinación que la noche anterior. Aunque le tomó otros 47 minutos, resolvió la primera ecuación. Avanzando a la segunda parte de la tarea, volvió a trabajar por otra hora, pero no pudo llegar a una respuesta razonable. Mirando afuera y viendo el día soleado que se estaba perdiendo, dejó el lápiz, con el compromiso de regresar el domingo a terminar esta tarea increíblemente injusta. Otra hora y diez minutos más de esfuerzo riguroso el domingo por la noche dejaron al jovencito totalmente frustrado.

De regreso a la escuela el lunes, su primera parada fue visitar a su maestro de matemática. Dirigiéndose directamente al frente del salón, puso su cuaderno en el escritorio del maestro y soltó un suspiro. Sin una pizca de inhibición, él dijo: «Maestro, trabajé por más de dos horas en el primer problema de nuestra tarea de matemáticas y finalmente logré la respuesta; después pasé horas con el segundo problema y aun así no pude resolverlo. Esta tarea debe ser para un grado más alto—.»

El maestro interrumpió al estudiante: «Hijo, debes estar equivocado. Yo no le asigné tarea a tu clase el viernes. Déjame ver tu cuaderno». Al ver los dos problemas, el maestro quedó boquiabierto. Pudo ver que el primer problema había sido resuelto perfectamente y el gran intento que había realizado con el segundo. Este educador, que había pensado que lo había visto todo, estaba visiblemente conmovido al explicarle con voz temblorosa a su pupilo: «Si no lo estuviera visto con mis propios ojos, no lo hubiera creído. Jovencito, estos dos problemas que anoté en el pizarrón el viernes por la tarde, no eran una tarea; son ecuaciones que son supuestamente imposibles de resolver».

Este jovencito no había sabido que eran imposibles, ¡así que había seguido adelante y trabajado de todas formas!

Tú solo has rascado la superficie de lo que realmente es posible para ti. Debes encender la luz de la verdad de quién eres verdaderamente y de tu propósito aquí. Cuando hagas esto, la oscuridad que te ha cegado y retenido desaparecerá, dejando en claro la visión de tu siguiente nivel más alto. Cuando entras a un cuarto y enciendas el interruptor de la luz, la oscuridad no puede resistir la luz; cuanto más brillante sea la luz, más desaparecerá la oscuridad.

Tú puedes llegar a este estado de convicción. Puedes vivir con un conocimiento continuo de que, sin lugar a dudas, naciste para vivir, experimentar y disfrutar lo mejor—y luego llegar a los demás y ayudarlos a hacer lo mismo.

Las personas tratarán de desanimarte cuando vean que vas por algo mejor que lo que ellos creen que pueden obtener. Muchas veces, el pensamiento común puede llegar disfrazado como sentido común. Cuando alguien trata de convencerte de que te mantengas en un nivel inferior, utilizando el pensamiento común (disfrazado como sentido común) como el principal medio de persuasión, puedes simplemente ver a esa persona y decirte a ti mismo: *Tú puedes pensar que esto es imposible, pero voy a seguir adelante y a lograrlo de todas formas.*

¿De dónde viene la felicidad, la realización y la verdadera abundancia? ¿Cómo la descubres y vives en una conciencia clara de que estás viviendo el propósito para el cual tú naciste? ¿Es el resultado de una serie de golpes de suerte—nacer dentro de la familia correcta, o (por casualidad) estar en el lugar correcto y a la hora correcta?

Tú naciste con un propósito y floreces cuando estás en el caudal de tu destino. Así como hay animales que no pueden prosperar (o incluso sobrevivir) en cautiverio, tú no puedes verdaderamente experimentar el nivel superior de vida para el cual naciste, si tu mente, voluntad, emociones y cuerpo están fuera de alineación con tu propósito personal para estar aquí.

Es asombroso observar a las personas moverse a través del escenario de sus vidas. Algunas personas están interpretando un papel para el cual han ensayado y entrenado sus mentes, voluntades, emociones y cuerpos. Otros simplemente están siendo quienes son realmente, viviendo de una conciencia clara de su propósito para estar aquí.

La realización de tu sueño por una vida de libertad y abundancia solo es posible cuando has decidido que vale la pena hacer un esfuerzo extra para lograr que tus sueños se hagan realidad.

Crear o estancarse
La primera milla extra que realizarás está en el interior, e implica cambiar tus pensamientos. Tú eres transformado al renovar tu mente.

La próxima milla extra se volverá visible en el exterior

cuando tu habilidad creativa entre en acción. Las cosas grandes que ocurren en el exterior solo son posibles por un gran cambio que se ha llevado a cabo en el interior, en el verdadero tú. Ninguno de nosotros discutiría el hecho de que nuestros cuerpos son un poco diferentes hoy de lo que fueron hace 10 años, pero el secreto está en mantenerse renovado en el interior, todos los días.

Cuando estás prosperando en tu propósito interior, la prosperidad externa llega junto con la conciencia de que ya te pertenece, incluso antes de que veas la evidencia externa en tu vida. Vivir el sueño-propósito significa vivir una vida que te encanta vivir. Hay un hecho documentado de que amar y disfrutar la vida tiene un efecto positivo directo en tu salud física.

Nada muy maravilloso sucede en la vida hasta que vas más allá del punto de no retorno y decides hacer un esfuerzo extra. De hecho, la mayoría de las personas están muriéndose de aburrimiento; viven cada día con los mismos pensamientos pasados que no les funcionaron muy bien ayer.

El pensamiento común que las personas promedio aceptan como la verdad-realidad resulta en el estilo de vida común que tú ves que la mayoría de la gente experimenta a diario. Existe una tendencia de asumir que, porque esta manera común de pensar es la normal, debe estar basada en la verdad. Desde las cosas que te enseñaron tus padres (con palabras y acciones) hasta los pensamientos e ideas que has recibido de una multitud de otras influencias (televisión, radio, revistas, libros, maestros), tú aceptas este pensamiento común y piensas que «así son las cosas» para ti como individuo.

La magia está en la otra milla

El mundo corporativo nos ha vendido la idea de que si eres una buena persona corporativa y te dedicas a la causa corporativa, tendrás seguridad por tus años de trabajo, recibirás un reloj de oro cuando te jubiles, y luego vivirás feliz para siempre. Obviamente, aunque esto fue aceptado como un pensamiento común por mucho tiempo, la verdad es justamente lo contrario. Con los recortes, los ajustes y todo lo otro que se está llevando a cabo, las personas que han adoptado ese pensamiento común ahora se encuentran sin trabajo a los 40 o 50 años de edad, después de haberle dado 15 o hasta 50 años a la corporación. Cada persona que tiene suficiente suerte como para tener trabajo después de la reestructuración masiva de una compañía, termina haciendo su propio trabajo, más el trabajo de dos o tres otras personas que fueron eliminados durante el recorte.

No existe la seguridad laboral. Cuando entiendes cómo son las cosas en realidad, te das cuenta que la única manera de tener seguridad real en el área de ingresos financieros es hacerte más fuerte y real en tu área de experiencia. A través de esta fuerza, con tu valor y calidad de servicio tan alto, ganas una posición en el mercado que es tan sólida que acabas tomando control de tu destino. Al hacer ese esfuerzo extra que otros no están dispuestos a hacer, simplemente te conviertes en el mejor.

Aquellos que son exitosos buscan lo que quieren en la vida, y cuando no pueden encontrarlo, van hacia adelante para crearlo. Las personas verdaderamente exitosas, felices y realizadas son aquellas que están dispuestas a lograr todas las cosas que otros no están dispuestos a hacer.

Desestancarse

A través de este libro, yo eliminaré, capa por capa, las limitaciones que son producto de un conocimiento equivocado que indica que eres pequeño, débil y estás a la merced de las circunstancias inesperadas. El hecho de que tú estés leyendo este libro demuestra que tienes hambre de principios que te ayuden a crear una vida mejor. Los principios verdaderos y fundamentales del éxito y la felicidad siempre funcionan si los aplicas. Sin embargo, es muy común que una persona trate de aplicar los principios sin primero remover los bloqueos que están en su camino. Así que, mientras las barreras que te impiden conocer estos principios permanezcan en tu pensamiento, solo podrán ser útiles para ti como grandes conceptos en vez de una forma de vida. Aquí puedes ver la diferencia entre (1) tratar de **hacer** el principio, y (2) **ser y vivir** el principio.

Uno de estos principios está incluido en la ley de reciprocidad, el cual en pocas palabras declara «cuando tú das, recibirás». Si quieres amor, tendrás que dar amor. Si quieres un amigo, tienes que brindar amistad. Si quieres más dinero, entonces tienes que dar algo de tiempo o dinero. Si quieres tiempo para ser libre y hacer lo que disfrutas hacer, tienes que invertir algún tiempo de tal forma que puedas comprar el tiempo libre que deseas.

Conectado a este principio está la ley del uso, la cual establece que «en la medida que fluyas en tu propósito y utilices tus dones, talentos y habilidades, se multiplicarán, y tu cosecharás los beneficios». Este principio, o ley, trabajando al revés, establece que «si no lo utilizas, lo perderás».

Todos tenemos 24 horas en un día para utilizar. La

mayor diferencia entre el éxito y mediocridad en cada día, semana, mes, año o vida entera, es si una persona ha estado trabajando con los principios correctos de la manera correcta. La persona que no sabe que estos principios y estas leyes existen muy probablemente estará aplicándolos en reversa y no recibirá el resultado deseado.

La persona que no sabe que existen principios confiables y que no es consciente de la ley que indica «tal como piensa un hombre o mujer, así es él o ella», terminará frustrada. Dicha persona puede sentirse estancada, como si algo estuviera deteniendo el progreso, lo que muchas veces es el caso.

¿Alguna vez has estado en un lugar en la vida donde estuviste haciendo mucho esfuerzo y a tu saber y entender, sabías que estabas aplicando los principios correctos y leyes tan fuerte y consistentemente cómo pudiste y sin embargo, todavía no parecían estar funcionando, y te sentiste estancado?

Se me ocurrió una gran analogía un día mientras estaba buscando una forma de salir de un lugar donde me encontraba estancado: Imagina que estos principios y leyes son globos de helio. A medida que adoptes la idea de hacer un esfuerzo extra como forma de vida, a medida que asimiles estos principios en tu corazón y mente, ellos pueden elevarte a tu siguiente nivel. Ahora, imagínate que estos globos están atados a tus brazos, hombros y espalda con cuerdas. En un globo, ves la etiqueta «Reciprocidad»; en los otros ves «Uso», «Pensamientos correctos», «Perdón», «Rendimiento al cien», «Una fuerte ética de trabajo», etc. Aunque tú sientes esos globos y cuerdas impulsándote hacia arriba, sientes que algo todavía está mal; el proceso está siendo impedido de funcionar correctamente. Tú miras hacia abajo e inmediatamente sabes porqué te sientes estancado. Atadas a tus tobillos con cadenas hay una serie de pesas. Una está en forma de ancla; otra se ve como una bola de acero y la última parece ser un bloque de cemento. Esas pesas están etiquetadas: «Miedo», «Inseguridad», «Indignidad», «Fracaso esperado», «Familia equivocada», «Conexiones incorrectas», «Falta de perdón», «Limitaciones raciales/culturales», «Imperfecciones», «Pequeñez/Insignificancia», «Desgracia», «Imperfecciones físicas», etc. La solución ahora se te hace tan clara como el agua. La única cosa que te detiene son esas cargas. Por lo tanto, ¿qué quieres hacer? Si quieres vivir tu sueño-propósito, solo hay una respuesta a esta pregunta. Mientras continúes leyendo y asimilando el contenido de este libro, tendrás la oportunidad de hacer lo que todos necesitamos hacer de día a día—¡deshacernos de las pesas!

Un pequeño ajuste
Hay ocasiones cuando necesitas un cambio mayor en tus pensamientos para llegar al siguiente nivel. Otras veces, un ajuste pequeño causará un gran cambio positivo en tus pensamientos, filosofía, realidad y experiencias de vida.

Realmente disfruto mi auto. Tiene casi todo lo que me gustaría tener. Los asientos de piel calzan como un guante, con respaldo adicional para mi espalda exactamente donde lo necesito. Cuando cierro las puertas, solo se escucha un leve sonido. Tiene todo tipo de equipos eléctricos y automatizados, con todos los detalles y extras deslumbrantes. Debajo del cofre (capó), tiene árboles de levas por aquí, inyección de combustible por allá, y más potencia de la que yo jamás necesitaría para una conducción normal. Como podrás ver con mi descripción, no conozco los términos exactos que describen las elementos del motor que producen la potencia. Pero sé esto: Cuando necesito pasar a alguien en la autopista, tengo que tener cuidado de no presionar demasiado fuerte el pedal del acelerador o mi auto despegará como un cohete.

Aunque normalmente se desempeña como una maquina asombrosa (la cual he intentado describir), un día mientras salía de la entrada de mi casa, comenzó a fallar un par de veces. Yo pensé: **¡*Guau! ¿Qué fue eso?*** Ya en el camino, el auto vaciló varias veces. Manejé directo al concesionario. El mecánico lo conectó a su computadora y dentro de un par de minutos había diagnosticado el problema. Él dijo: «Larry, tu motor está fuera de punto». Lo vi tomar una llave inglesa, soltar un tornillo, y ajustar un soporte de algún tipo solo una fracción de pulgada. Luego volvió a apretar el tornillo y dijo: «Ya te puedes ir».

Dije: «¿Eso es todo?».

Él contestó: «Sí, eso es todo».

Encendí el auto, y el toser y petardeo de verdad habían desaparecido; ¡estaba ronroneando como un gato nuevamente!

A veces, el ajuste más mínimo en tu pensamiento es todo lo que necesitas para deshacerte de la carga que te está reteniendo; y antes de lo que tal vez esperes, verás esa área de tu vida dar un gran salto hacia adelante. Una vez que experimentes los beneficios de soltar esa carga, sigues adelante con entusiasmo para deshacerte de la carga de tus pies en otras áreas de tu vida. Mientras tanto, necesitas seguir revisándote para asegurarte que las cargas que cortaste en el pasado permanezcan lejos de ti y que tú, inconscientemente, no vuelvas a recoger esas formas negativas de pensar.

Fuera de la zona de confort y hacia el avance

En mi primer libro, ***El poder resiliente del propósito*** (anteriormente titulado ***Cómo estar dirigido al propósito***), yo empecé contando la historia de un cambio muy grande que ocurrió en mi vida hace 11 años.

Cuando hablo en varias conferencias y conduzco seminarios en diferentes países donde mis libros y grabaciones han sido distribuidas, la gente se me acerca y me señalan alguna parte de mi libro o me hablan acerca de algo que comenté en una grabación o en un evento en vivo que realmente los impactó. Aunque es una lección de humildad (como lo es para cualquiera que ha tenido el privilegio de ayudar a alguien a salir adelante), recibir estos buenos reportes siempre es lo más destacado de mi día. A menudo me asombran las partes específicas de un libro o grabación que han tocado e inspirado a alguien profundamente.

También recibo correos de la gente, tanto a través del servicio postal como en mi sitio de Internet. Estas cartas y correos electrónicos, escritos por personas de todos los ámbitos de la sociedad, están llenos de historias de cómo el mensaje que estoy compartiendo contigo a través de este libro los ha enriquecido. A menudo, lo que me da una gran inspiración y esperanza es leer u oír a otras personas hablar acerca de lo que yo llamo historias de guerra—no guerras que los ejércitos luchan con armas, sino las batallas que se pelean y ganan en la vida.

La magia está en la otra milla

Cuando hablo en todo tipo de eventos, por alguna razón, las personas siempre me preguntan: «¿Puedes contarnos más acerca de cuando tú no tenías un lugar donde vivir, cuando tú y Les Brown tenían que dormir en el piso de la oficina?».

Bueno, pues aquí viene la continuación de esa historia. Retomaré la historia donde la dejé en mi último libro: Once años atrás, tuve un dolor de cabeza por 29 días. La aspirina no lo aliviaba; tampoco los medicamentos que me prescribió mi doctor. Después de 29 días, me di cuenta que el dolor de cabeza no era solo un dolor en mi cabeza; era un dolor que tenía en el corazón (no mi corazón físico). Me estoy refiriendo al hecho de que estaba inquieto y muy frustrado en mi espíritu—y había estado en ese estado mental por bastante tiempo.

Muchos años antes, había tomado una decisión de que nunca me quedaría en un nivel más bajo por demasiado tiempo; siempre iría al siguiente nivel más alto, tan pronto como supiera que era tiempo para avanzar. Sin embargo, las cosas se habían puesto bastante cómodas para mí. Estaba presentando un programa de televisión semanal de media hora en la estación afiliada local de ABC y un programa de radio de cinco días a la semana. También estaba hablando ante grupos de personas en mi comunidad semanalmente.

Yo siempre supe que llegaría el día en que dejaría atrás el ámbito local por el nacional—y luego global—con este mensaje. Yo había resistido dar ese salto porque había trabajado tanto por lo que tenía. Significaría empezar de nuevo en una escala nacional, y si comenzaba a viajar cada semana, ya no podría cumplir con las demandas de tiempo para continuar mi agenda de trabajo local.

Estaba pagando mis cuentas porque todavía podía producir suficientes buenos resultados como para dar la impresión que mi corazón estaba en mi trabajo, pero había perdido una buena parte de la pasión por lo que estaba haciendo.

Finalmente, pasar 29 días con un dolor de cabeza me puso en un lugar donde dije estas palabras mágicas: «Estoy dispuesto a hacer lo que sea necesario para que se me quite este dolor». Para entonces, supe que yo mismo me había puesto en este estado de tristeza por no mantener integridad en mi propósito. (Realmente creo que si tu corazón tiene razón y no te estás moviendo al ritmo del plan y el calendario de tu propósito, entonces el destino se moverá sobre ti para empujarte en la dirección correcta.)

A través de varios sucesos asombrosos (de los cuales escribí en mi primer libro), comencé a trabajar y a conducir seminarios con Les Brown. Ahora, esto fue hace 11 años. Muchas personas alrededor del mundo hoy saben qué orador dinámico y qué gran recurso para el desarrollo personal es Les. No obstante, en aquel entonces, Les apenas estaba empezando; solo había estado viajando y hablando por unos dos años. Le estaba yendo muy bien en el negocio de las conferencias, y supe en mi corazón que avanzar al siguiente nivel tenía algo que ver con que los dos trabajáramos juntos.

Todos necesitamos un mentor, alguien que ya esté operando en el siguiente nivel más alto al cual queremos llegar. Estar y permanecer en la presencia de estas grandes personas es una de las llaves para romper muros en nuestras vidas. Yo llamé a la oficina de Les Brown de 10 a 15 veces al día, por seis semanas. (Su personal pensó que yo estaba loco.) Poco sospechaba yo que después de un par de días, ellos dejaron de darle mis mensajes. Finalmente, después de seis semanas, hablé con Les por 10 minutos un martes por la tarde. En menos de dos semanas, me mudé de Pennsylvania a Detroit, Michigan, y Les y yo comenzamos a trabajar y a dar seminarios juntos.

Les era consciente de que yo había «quemado todas mis naves» y cortado mis fuentes de ingresos para realizar esta transición. Recuerdo a Les diciéndome estas palabras de sabiduría: «Algunas veces tienes que renunciar a lo que eres para llegar a ser la persona que quieres ser». También creo que algunas veces tienes que abandonar el lugar donde estás para ir a donde quieres ir. Había dado un gran salto de fe, el cual incluía dejar el programa de televisión semanal de ABC y el programa de radio diario para comenzar a hablar a nivel nacional. Sabiendo esto, Les amablemente me ofreció hospedarme en su casa por un par de meses hasta que yo pudiera conseguir mi propio lugar.

Cuando me mudé por primera vez a Detroit, pensé: *¡Esto es fabuloso! Va a ser muy sencillo. Será como conectar los puntos para realizar una transición tranquila hacia el ámbito de las conferencias nacionales*. ¡Qué bien recuerdo el día cuando comencé a darme cuenta de que no iba a ser tan fácil! Después de un largo día en la oficina, Les se fue a casa y su primo Alexander y yo fuimos a Greektown; un área de cuatro o cinco manzanas con restaurantes, bien vigilada por la policía, en el centro de Detroit. (Cuando digo que estaba bien vigilada, me refiero a que después de oscurecer, hay entre cinco y diez oficiales de policía en cada cuadra.) Estacioné mi auto a una cuadra de

Greektown, la cual estaba a dos cuadras de la estación de policía central.

Mientras caminábamos por la avenida hacia los restaurantes, le pregunté a Alexander (cuyo apodo era «Bou») dónde quería comer; me sugirió que comiéramos en un lugar llamado Fishbone's, porque le gustaba su comida estilo cajún de New Orleans. Cuando llegamos al restaurante, había una hora de espera para una mesa, así que decidimos regresar a casa y conseguir algo de comida en un restaurante «*drive-through*» que estuviera de camino.

Cuando llegamos al lugar donde recordaba haber estacionado el auto, estaba vacío. Al principio pensé, **debo estar en el lugar equivocado,** puesto que ya habíamos comido en Greektown tres veces esa semana. Incluso comenté: «Tal vez aquí es donde estacioné el auto anoche cuando vinimos a cenar». Bou estaba muy seguro que este era el lugar y que el auto había sido robado. Aunque no lo quería aceptar, supe que tenía razón. Fuimos a la estación de policía a presentar un informe de un vehículo robado y caminamos de regreso a la oficina. Uno de los miembros del personal nos llevó a casa.

La mañana siguiente, llegamos a la oficina cerca de las ocho de la mañana. Debo admitir que me sentía muy desanimado. Aquí estaba en una ciudad extraña—ahora sin auto y teniendo que depender de otras personas para que me llevaran. Este pensamiento incluso cruzó por mi mente: **Tal vez esta sea una señal de que debí quedarme en Pennsylvania.** No obstante, en mi corazón sabía que estaba exactamente donde debía estar.

Les dijo: «Larry, tengo una cita con el banco, así que vayamos juntos a las 10 a.m. a discutir cómo vamos a hacer el seminario que tenemos programado este fin de semana en Cleveland».

Le dije: «Genial, te veo entonces».

Como habíamos arreglado, Les llegó a la oficina a las 10 a.m. para nuestra reunión. Entramos a su oficina y nos sentamos. Mientras Les daba vueltas en su silla de cuero, pude sentir que algo le preocupaba. Me miró y dijo: «Larry, tengo que compartir algo contigo antes de discutir lo del próximo seminario».

Le dije: «Claro, Les. ¿Qué tienes en mente?».

El continuó: «Bueno, acabo de averiguar que algunos miembros de mi personal administraron mal mis finanzas y voy a tener que despedir a estas personas. Sé que voy a poder resolver este desafío, pero una de las cosas que ha ocurrido es que cuando ellos estaban pagando mis cuentas, no estuvieron haciendo los pagos de mi hipoteca. Me acabo de enterar que debo dejar de mi casa inmediatamente. Sé que fue realmente un paso de fe para ti mudarte para acá y estoy enfrentando algunos grandes retos financieros debido a la situación de la cual me acabo de enterar. Por lo tanto, la única solución que puedo descifrar para nosotros por el momento es salirnos de la casa y quedarnos aquí en la oficina por un tiempo».

Le dije: «Está bien, Les. No hay problema. Haremos lo que sea necesario». Debo admitir que todavía estaba adormecido porque mi auto había sido robado la noche anterior, así que lo que estaba sucediendo realmente no me impactó hasta más tarde por la noche.

Eran cerca de las dos de la mañana. Les estaba en su oficina; Bou estaba durmiendo en su oficina (donde estaban guardados los libros y las grabaciones) y yo estaba en mi oficina. Recuerdo que estaba mirando hacia afuera por la ventana desde el piso 21 del edificio Penobscot. De hecho, esa sería la primera de muchas noches que miraría por esa ventana, observando las equipos de aire acondicionado en el techo del edificio de al lado; los escuchaba rugir mientras mantenían el edificio fresco para las personas que dejarían la comodidad de sus hogares para venir a trabajar al día siguiente. No lo sabía entonces, pero la oficina donde estaba yo parado también sería mi habitación por los siguientes seis meses. Noche tras noche, yo tomaba los cojines del sillón de la sala de espera y los ponía sobre el piso de mi oficina. (¡Estos eran los mismos cojines donde la gente se sentaba durante el día porque habían hecho una cita con Les o conmigo para ayudarles a ser exitosos!)

Créeme cuando te digo que donde estés ahora no tiene que ser una predicción de hacia donde vas. Por muchas, muchas noches yo miraba por esa ventana del piso 21 y me preguntaba: *Larry, ¿te has vuelto loco? ¿Has perdido la cabeza? ¿Te das cuenta que dejaste un programa de TV, un programa de radio y toda tu seguridad? No tienes suficiente dinero para tener un lugar donde vivir; ya no tienes auto y tienes que pedirle a la gente que te lleven. No puedes regresar a tu casa o la gente se reirá de ti, porque te dijeron que estabas cometiendo una imprudencia. Realmente has metido la pata esta vez.*

En ese piso de oficina, comencé a aprender lo que cuesta mantener el control de mi mente y emociones, y mantenerlas por buen camino, incluso cuando mis circunstancias estaban gritando que yo era un GRAN PERDEDOR.

Cada noche, yo oraba, leía e iba a acostarme escuchando grabaciones de motivación o de enseñanzas inspiradoras. Les, Bou y yo tomábamos turnos para asearnos en el baño público cada mañana—antes de que los doctores y abogados llegaran a sus oficinas en el piso 21. Cuando me tocaba a mí, me llevaba un reproductor de cintas portátil al baño y escuchaba las grabaciones mientras me rasuraba y me vestía. Me costó todo mi esfuerzo seguir aferrándome a la visión de mi propósito y creer que íbamos a salir victoriosos.

Muchas veces, regresábamos a la oficina después de la media noche o incluso a las dos o tres de la mañana, después de manejar tres o cuatro horas desde un seminario o conferencia. Estacionábamos el auto de Les cuatro niveles debajo de la superficie en un estacionamiento subterráneo. El centro de Detroit estaba bien durante el día (de las nueve a las cinco cuando los grandes edificios y las calles estaban llenas con la gente de negocios); pero después del anochecer, los maleantes salían a la calle—traficantes de drogas y toda clase de personajes sospechosos. En esa época, Detroit era considerada la capital de asesinatos de los Estados Unidos. Te diré algo: Este muchacho de Pennsylvania aprendió como cruzar la calle Griswold y la avenida Woodward corriendo y en tiempo récord. Tratábamos de pasar desapercibidos por los guardias de seguridad del primer piso, porque la administración del edificio ya nos había dicho que este era un edificio de oficinas, y no un complejo de departamentos.

Trabajé cada día para mantener mi mente y espíritu en el buen camino. Salía por las noches a dar pláticas y después hacía entre 60 y 100 llamadas cada día para agendar más conferencias. Fue una lucha continua durante seis meses y luego alcancé mi masa crítica. Por supuesto, tú sabrás lo que es la masa crítica con respecto a la energía atómica; pero la masa crítica a la que me refiero aquí es cuando alguien ha puesto tanto positivismo en su mente y acciones que, de repente, un gran cambio se lleva a cabo.

Un día llamé a un caballero que estaba organizando una conferencia para unos 2.000 dueños de negocio independientes. Hablamos acerca de la posibilidad de que yo hablara en su evento. Él me preguntó: «Larry, ¿de qué hablarías si fueras orador en nuestra conferencia?»

Le dije: «El título de mi discurso es, "Absolutamente imparable"».

Después de algunas otras llamadas, me invitó a venir a su evento. Dijo: «La conferencia tendrá lugar la semana que viene en Reston, Virginia, y nosotros compraremos tu boleto de avión mañana y te lo enviaremos por correo nocturno».

Me sentí tan aliviado al oírle decir eso. Acababa de comprar un auto para reemplazar el que me habían robado algunos meses atrás y no tenía suficiente dinero para hacer el siguiente pago, el cual debía hacerse esa semana. Volé a Virginia y el chófer me llevó desde el aeropuerto hasta el frente del Hotel Hyatt Regency en Reston. Caminé hacia el vestíbulo del hotel, encontré a las personas que coordinaban el evento y me enteré que uno de mis héroes, Charlie «Tremendo» Jones, estaría hablando en el mismo evento.

Yo pensé: *¡Guau! Espero estar a la altura.*

Esa noche, me paré en la plataforma y di todo lo que

tenía. Estaba hablándole a ese grupo sobre cómo ser absolutamente imparable. Saqué ese mensaje desde lo más profundo de mi interior, partiendo de la experiencia personal que estaba viviendo. Esto me dio más pasión para comunicar los principios que estaba compartiendo.

La gente aplaudía en respuesta a los diferentes puntos que planteé; podía sentir que estábamos conectándonos de una forma poderosa. Vi los rostros de algunos que habían estado frunciendo el ceño, con las caras colgadas, al comienzo de mi charla, y quienes ahora estaban sentados al borde de sus asientos con sonrisas de inspiración en sus rostros. ¡Era como lanzar un fósforo en la gasolina! Al final de mi presentación, me ovacionaron de pie por tan largo rato que comencé a ruborizarme con una sensación tan abrumadora de gratitud por la bendición de estar donde me encontraba en ese momento.

Había una mesa en el pasillo junto al auditorio donde me habían dado espacio en la cabina para poner a la venta algunas de mis cintas para aquellos que quisieran comprarlas. Me imaginé que regresaría a la mesa después de mi presentación para estar disponible por si algunas personas quisieran que les autografiara algunos de mis juegos de cintas que estaban comprando. Cuando llegué a la mesa, había más de 100 personas esperándome.

El caballero que me había invitado a hablar me dio $1.000 adicionales, mucho más de lo que originalmente habíamos acordado. Me explicó que quería hacerlo porque sentía que su gente había recibido tanto de mi discurso. Te diré algo—estaba volando tan alto después de ese fin de semana que casi no necesité un avión para volar de vuelta a Detroit.

Yendo más allá de las millas comunes

Una semana después, estaba en mi oficina cuando recibí un fax de una compañía pidiéndome permiso para distribuir la grabación de la cinta del discurso «Absolutamente imparable» que yo recién había presentado. El fax decía que querían lanzarla «como una cinta de pedido fijo». Yo pensé: *Han sido buenos conmigo. Probablemente le van a dar la cinta a 100 o a 200 personas. A mí me suena bien.*

Al día siguiente, recibí una llamada de dicha compañía para finalizar algunos detalles con relación al proyecto de distribución de las cintas y descubrí que esta cinta iba a ser vendida a más de 150.000 personas. Casi me caigo de la silla. Colgué el teléfono y me quedé sentado, mirando fijamente hacia la pared y pensando: *¡Guau! Ciento cincuenta mil personas van a escuchar la cinta de un discurso que di en un momento cuando estaba durmiendo en este piso de oficina.*

Esas 150.000 cintas fueron entregadas y mi teléfono comenzó a sonar con invitaciones para presentarme y hablar en grandes conferencias. Dos semanas más tarde, yo dejé el piso de la oficina y me mudé a un apartamento. Se había producido un salto espectacular que me había llevado al siguiente nivel más alto de mi propósito—y desde entonces he continuado elevándome. Ahora, cada vez que enfrento retos en mi camino hacia un nivel más alto, reconozco que habrá un poco de turbulencia que deberé atravesar para alcanzar una altura más elevada.

Si quieres lo mejor en tu vida, tendrás que trabajar en ti mismo y pagar un precio para mantener a tu mente y a tus emociones fortalecidas en los tiempos difíciles. Probablemente no tendrás que dormir en el piso de una oficina para elevarte a tu siguiente nivel más alto y ver

La magia está en la otra milla

tus sueños convertirse en realidad; pero aun si tuvieras que dormir en el piso por un tiempo, ¡por mi propia experiencia te puedo decir que bien vale la pena!

Capítulo 2

Tu sueño se hace realidad a través de las millas excepcionales

«Mediante algunos principios poderosos y extraños de "química mental" que ella nunca ha divulgado, la naturaleza envuelve en el impulso de un deseo poderoso, "ese algo" que no reconoce la palabra "imposible" y no acepta la realidad del fracaso.»

—*Napoleón Hill*

«Si tú piensas que vale la pena, estarás dispuesto a parecerte como un tonto mientras persigues tu sueño.»

—*Los hermanos Wright*

La magia está en la otra milla

Tu sueño se hace realidad a través de las millas excepcionales

¿Qué es lo que les da a las personas la determinación de no darse por vencidos para ver sus sueños convertirse en realidad? Muchas personas lucen similares por fuera: Cada una tiene dos ojos, dos piernas, dos brazos (ya entiendes la idea). Sin embargo, a todos nos han inspirado las historias de aquellos quienes, aun con retos mentales o físicos graves, han vivido sus sueños. La conclusión obvia es que algunas personas están conscientes de quiénes son realmente en su interior, mientras que otros individuos piensan que la imagen que ellos ven cuando se miran en el espejo del baño es su identidad. Tú, mi amigo, naciste por un gran propósito. La riqueza de quién eres está en el interior, en el verdadero tú.

Sí, el cuerpo humano es asombroso. Un globo ocular, que es más pequeño que una pelota de ping-pong, tiene millones de conos y bastones que detectan blanco, negro y colores. Con más de medio millón de terminaciones nerviosas que reciben mensajes de los bastones y conos, el ojo instantáneamente produce las imágenes que tú ves, con una percepción de profundidad increíble. Ahora, esa es mi descripción novata de uno de tus globos oculares, ¿pero qué pasa con el cerebro, el corazón o el sistema circulatorio? Si el embalaje externo es tan asombroso, ¿entonces qué tan increíble debe ser el verdadero tú? Es imposible exagerar la maravilla de quién eres en el interior. No hay palabras que puedan siquiera comenzar a describir la grandeza que fuiste creado para cumplir.

También es imposible hacer que el sueño-propósito de tu vida suene más maravilloso que el sueño que has nacido para vivir. Puede que hayas visto un destello de tu grandeza o un atisbo del increíble sueño-propósito que fuiste creado para vivir. Sin importar qué tan maravilloso fue ese destello de tu verdadero ser, tú eres mucho mejor. Sin importar qué tan increíble fue el destello de tu sueño-propósito, lo que viste fue probablemente solo un atisbo de lo grandioso que tu sueño-propósito realmente es.

Esto no es una cuestión de volverseególatra o narcisista. De hecho, a medida que te das cuenta qué tan maravillosamente el verdadero tú fue creado, en realidad tiene un efecto de humildad en ti. Comienzas a entender el gran destino de tu propósito y te sientes agradecido de haber recibido un regalo tan maravilloso para vivir.

Los seres humanos pueden tener básicamente los mismos órganos físicos (junto a otras características físicas similares), pero hay una fuerza dentro de nosotros que no puede ser revelada por el bisturí del cirujano. Este ingrediente invisible es el secreto para poder lograr las millas poco comunes, que es donde la manifestación completa de tu sueño-propósito te está esperando.

Cuando las cosas no parecen ir por buen camino, y has

estado manteniendo la visión y pensamientos correctos de forma consistente—aun si no te puedes explicar cómo es que va a suceder—puedes seguir sabiendo que sabes lo que sabes. Comprendes que de alguna forma todos los esfuerzos, la confianza y la consistencia que pones en tu sueño-propósito, dará recompensa, y el sueño se manifestará de una forma tangible. ¿Cuándo lo sabes? Solo puedes llegar a ser uno con tu sueño-propósito y verdaderamente *saberlo* después de que hayas sobrepasado la línea e ido más allá del punto de no retorno.

Un ejemplo que he utilizado muchas veces ilustra este punto con mucha claridad. Ven conmigo ahora mismo a la medio del océano e imagina un barco cruzando ese océano. Vayamos a la cabina en la cubierta superior, donde el capitán y su primer oficial están asegurándose que van por el rumbo correcto. Ahora, escucha como el capitán voltea hacia su primer oficial y dice: «Primer oficial, hemos ido más allá del punto de no retorno». Lo que está diciendo es que acaban de pasar el punto de su travesía en el cual han utilizado demasiado combustible para regresar a su lugar de origen y solo les queda suficiente combustible para llegar a su destino. Ya no existe la posibilidad de regresar a su puerto de origen, y seguir adelante hacia su destino final ya no es simplemente una buena idea; ahora resulta imperativo.

Tú tienes el mismo tipo de punto, o línea, en tu vida. Antes de que sobrepases esa línea, todavía puedes darte vuelva y renunciar a tu sueño. Pero una vez que pasas esa línea, te conviertes en un hombre o una mujer con una misión; renunciar ya no es una opción. No se te negará; no te conformarás con nada menos que lo más alto y mejor que lleve tu nombre.

La magia está en la otra milla

Amigo mío, hay historias modernas actuales de personas que han pasado aún más de lo que yo pasé para ver sus sueños hechos realidad. Todos hemos escuchado estas historias y nos maravillamos del coraje, compromiso, fuerza y fe de estos individuos. Mi historia no parece difícil en lo absoluto comparada con esas, pero sí me llevó a un lugar donde supe que había solo dos maneras de avanzar. Mientras dormía en el piso de esa oficina, apenado de tener que pedir a las personas que me llevaran en su auto porque el mío había sido robado, asustado porque mis tarjetas de crédito estaban sobre el límite y luchando para sobrevivir otro día—sabía que tenía que tomar una decisión. Podía elegir renunciar a mi sueño-propósito, caer hasta el fondo, deprimirme, y conformarme con un nivel inferior; o más bien, podía encontrar una forma de salir adelante aun cuando todo a mi alrededor me indicaba que yo era un gran perdedor. (Mis circunstancias me estaban gritando: «¡DATE VUELTA AHORA MISMO! ¡Fuiste un tonto al pensar que podías hacer que esto sucediera!») En aquel entonces, hace más de once años, recostado en ese piso de oficina, comencé a descubrir todo acerca de la sustitución e intercambio de pensamientos. Comencé a descubrir qué importante es tener un programa diario para tus pensamientos y no dejar que la condición de tu mente y tus emociones esté expuesta a la derrota. Saber cómo mantenerte fuerte en tu interior es más importante que cualquier cosa que esté sucediendo en tu exterior.

¿Qué es un programa de sustitución e intercambio de pensamientos? Vayamos al siguiente capítulo y hablaremos sobre eso por un rato.

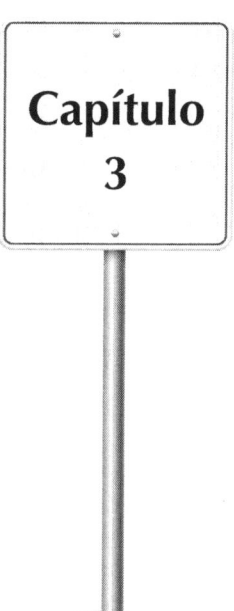

Sustitución de pensamiento: Renovando tu mente y emociones

«Primero llega el pensamiento, después la organización de ese pensamiento en ideas y planes; luego, la transformación de esos planes a la realidad. El comienzo, como observarás, está en tu imaginación. Mantén tu visión y tus sueños como si fueran los niños de tu alma, los planos de tus últimos logros.»

—*Napoleon Hill*

«No estamos preocupados por las cosas, sino por la opinión que tenemos de las cosas.»

—*Epicteto*

La magia está en la otra milla

Sustitución de pensamiento: Renovando tu mente y emociones

Tu mente y emociones son como los músculos de tu cuerpo: Con el cuidado y ejercicio apropiado puedes fortalecerlos. Si abusas o tratas de usar tus músculos de una forma para la que no fueron hechos, te lastimarás. No usar o ejercitar tus músculos hará que se vuelvan débiles.

Existe una verdad que, si la aprendes y la mantienes en el primer plano de tu mente, puede ahorrarte un dolor y una miseria incalculable—un principio de referencia concerniente a liberarse del dolor de espalda. He aprendido este principio de la peor manera (como lo han hecho muchas personas): «Debes levantar con tus piernas, no con tu espalda». Cuando no estás pensando y levantas algo que pesa solo 10 o 20 libras con tu cuerpo torcido y descentrado—utilizando tu espalda para levantar en lugar de ponerte en cuclillas para utilizar los músculos de tus piernas—puedes sufrir un tirón muscular y quedar dolorido (por días) con un dolor de espalda que te hará caer de rodillas. Pero si tú adoptas el principio de «levantar con tus piernas, no con tu espalda» como parte de tu naturaleza (una parte de tu forma de vida), entonces tú, automáticamente y como parte de un hábito, utilizarás tus piernas en vez de tu espalda. De igual manera, tus hábitos espirituales, mentales, emocionales y físicos te han fortalecido o debilitado en diferentes áreas de tu vida. En mi primer libro, doy un resumen general de tu verdadero ser, la persona que eres en tu interior. Ahora, voy a retomar este tema donde lo dejé y profundizaré con este entendimiento hasta que llegue a ser un conocimiento.

Tu verdadera identidad, habilidad, fuerza, propósito y realización están en tu interior. Naciste con un destino para crear tu propia vida de sueño-propósito.

Quizá te has sentido mejor de lo que te sientes ahora; probablemente te has sentido peor en algún punto de tu vida también. No obstante, la manera cómo te sientes ahora no es un accidente; la manera cómo te sientes es el resultado de tus pensamientos. Los pensamientos que llenan tu mente y la forma como te sientes a cada momento no tiene que ser por situaciones que te están pasando. Hay una diferencia entre ser una persona que está tomando acción en su vida y ser una persona que pasa más tiempo reaccionando a la gente y a las circunstancias.

Las herramientas que se te han otorgado

Tú utilizas un martillo para clavar un clavo; utilizas un desarmador para atornillar un tornillo. Utilizas una olla para hervir agua y utilizas la computadora para realizar varias tareas. Hay herramientas que usas para manifestar un deseo que primero tenías en tu interior. Decides que quieres apretar un tornillo en la manija suelta de una puerta; tomas tu desarmador y en cuestión de segundos, tu deseo se ha realizado. Revisas la misma manija y ahora está sólida como una roca. Tu mente, voluntad, emociones y cuerpo también son herramientas que te han sido otorgadas para ser utilizarlas.

Mucha de la confusión y el dolor en la vida de muchas personas se debe en gran medida a que tienen una identidad equivocada. Dan vueltas tratando de hacer las cosas para mejorar sus vidas, pero se sienten tan limitados y atrapados. Para algunos, esto puede convertirse en sentimientos de desamparo. Ellos erróneamente se perciben a sí mismos solo como un cuerpo físico, con una mente y emociones. Es como si un carpintero maestro dice: «Mi talento, mi destreza y mi habilidad creativa que he desarrollado a través de los años está en mi martillo, sierra de mesa y lijadora de banda. Estas herramientas me dan mi habilidad. Si perdiera mi desarmador, olvidaría como atornillar un tornillo y tendría que aprender cómo hacerlo nuevamente». Suena verdaderamente ridículo, ¿no?

Las cosas como son
Previamente en este libro, expuse el principio «Conocerán la verdad, y la verdad los hará libres». El hecho de que la verdad (como realmente es) está disponible para ti, es una cosa maravillosa, pero no te hace ningún bien hasta que la conoces.

El jabón está disponible en cualquier lugar y estoy seguro de que aun si una persona no puede comprar una barra de jabón, alguien o alguna organización caritativa le daría jabón gratis a esa persona. Pero el simple hecho, o verdad, de que el jabón es fácilmente disponible no cambia la realidad de que todavía hay algunas personas sucias por allí que huelen mal. Nadie debería tener un olor corporal ofensivo, pero algunas personas sí lo tienen. ¿Por qué? Porque la disponibilidad del jabón no beneficia a nadie a menos que uno consiga agua y se aplique el jabón en el cuerpo.

Si puedes mantener a tu realidad reinante y tu conciencia constante y predominante centradas en la verdad, entonces vivir una vida libre realmente llega a ser muy simple. La verdad, en lo que concierne a vivir el sueño-propósito de tu vida, es así de simple: (1) las cosas como son, (2) cómo debe ser la vida, (3) la persona que eres en tu interior y, (4) la persona que fuiste creada para ser. Tú eres transformado al renovar tu mente; y así como piensas, así serás. La clave aquí es poder mantener la consistencia correcta de día y de noche, o continuamente.

El desafío para muchas personas es que no están conscientes de lo que están pensando de minuto a minuto, hora tras hora, y día tras día. Son todavía menos conscientes de «los pensamientos que tienen acerca de sus pensamientos», o en otras palabras, las «opiniones que tienen acerca de sus pensamientos».

Las opiniones que tengas acerca de tus pensamientos, querido lector, pueden marcar toda la diferencia. Dos personas pueden ser puestas en la misma situación, y en una de ellas puede generar miedo en su corazón, y la otra pueda despertar valentía o hasta una anticipación positiva. La distinción está simplemente en las diferentes percepciones de la situación, y esas percepciones son creadas por opiniones que no necesariamente tengan algo que ver con los hechos actuales sobre una circunstancia en particular.

Posteriormente en este libro, verás un sistema que he desarrollado para asegurar que te mantengas consciente de lo que estás pensando, minuto tras minuto, hora tras hora y día tras día. En el Capítulo 6, te mostraré un resumen para un Programa Diario de Sustitución de Pensamiento que puedes utilizar para crear tu estrategia diaria personal para monitorear e intercambiar tus pensamientos.

Sí funciona—si trabajas en ello

Aquí tengo un par de cartas (de las muchas cartas y correos electrónicos que he recibido en mi oficina) que tratan con la eficacia inmensa del programa que compartiré contigo en el Capítulo 6. (No te estoy mostrando estas cartas para tentarte a que te saltes al Capítulo 6. De hecho, te aconsejo que hagas lo contrario, porque recibirás mucho más del resumen del programa si primero asimilas la información de los siguientes capítulos.) Quiero incluir estas cartas para estimular tu apetito y dejarte saber que esta estrategia concreta y práctica está en camino mientras continúas leyendo las siguientes páginas.

Estimado Larry:

...Te escuché hablar en la conferencia de Reno, Nevada y compré tus libros y cintas. Desde entonces, he comenzado a trabajar en el programa diario que enseñas. Los tiempos de sustitución de pensamientos de la mañana y noche han cambiado mi vida. No comienzo mi día sin decirme a mí mismo: «Nací para tener éxito; yo soy digno de mi sueño». Luego, a lo largo del día, continuamente mantengo mis pensamientos más y más centrados en un objetivo. No puedo poner en palabras cómo esto ha cambiado la manera que me siento, hablo e incluso actúo. Las personas me preguntan: «¿Qué te pasó? Te ves mucho más positivo y optimista». Bueno, así soy ahora. Sé que viviré mi sueño y me he conformado demasiado con el «nivel inferior» que tú mencionas. Estoy determinado a llegar hacia mi siguiente nivel—y tan pronto como sea posible. He estado siguiendo el programa diario por tres semanas y sé que no hay vuelta atrás. Sé que mis pensamientos me han retenido en el pasado y hoy los estoy reemplazando con pensamientos que me liberan para ver un mundo y un futuro completamente nuevo...

Con sincera gratitud,

J.M.
Long Beach, California

Hola, Larry:

...Quiero darte unas «gracias» especiales por poner en primer plano los principios que enseñas. Estuve buscando una fórmula diaria para mantenerme en buen camino; yo parezco tener altibajos. Un día me siento muy seguro y al día siguiente tengo problemas para mantener la visión correcta que describiste en tu libro. He leído muchos libros de autodesarrollo y he escuchado muchas cintas y

atendido a seminarios cuando es posible. Pero la única cosa que me faltaba, y la cual estoy tan contento que me aclaraste, era que yo necesitaba la consistencia de trabajar en mí mismo y en mis pensamientos...cada día. Si una persona no tiene un programa deliberado como el que tú enseñas, inevitablemente se perderá muchos días y gran parte de su vida. También me he dado cuenta que ahora no soy tan susceptible a las personas negativas. Siento menos la necesidad de pasar tiempo con esas personas de diez minutos, dos minutos y treinta segundos de las que tú hablas.

En el aspecto empresarial, he logrado un hito asombroso este mes. Llevo doce años en este negocio y nunca había podido lograr 1.000 puntos en un mes. Este mes, me acerqué a los 2.000 puntos y el mes todavía no ha acabado. Estoy seguro, sin lugar a dudas, que esto es un resultado directo de utilizar el programa diario que me has enseñado a través de tus libros y cintas. Mis pensamientos son cada día más fuertes, y sé que es porque mi vida también está volviéndose cada día más fuerte y más dirigida por mi propósito hacia mi sueño.

Sigue haciendo un buen trabajo y que seas bendecido en abundancia,

D.G.
Toledo, Ohio

Tu creencia crea tu realidad

Mucha gente va por la vida sin ser consciente de que están pensando pensamientos. No les preocupa si estos pensamientos, que están creando su realidad particular de vida, son verdaderos o falsos.

Los pensamientos son poderosos. Los sentimientos de inseguridad, inferioridad, miedo, duda, seguridad, una fuerte autoestima positiva, amor y fe nacen de tus pensamientos. Pero el lado complicado de esto es asegurarte que estás operando en la realidad correcta.

Permíteme darte un ejemplo que ilustra este punto: Imagínate a ti mismo en un hermoso camino en algún lugar alto en las montañas. Has estado manejando por horas y decides parar en una pequeña tienda para cargar gasolina y algo para comer. Después de llenar tu tanque de combustible, comer tu bocadillo y pagarle al encargado, caminas a tu auto, le das una mirada al asiento delantero y te dices a ti mismo: **He estado manejando por seis horas. Necesito estirar mis piernas antes de regresar al volante.** Ves un sendero que va hacia el bosque, así que regresas a la tienda y le preguntas a la persona detrás del mostrador: «¿A dónde conduce ese sendero?»

El encargado contesta: «Ese es un sendero natural. Es hermoso observar las hojas cambiando de color en esta época del año.»

Tú respondes: «¿Estaría bien si doy un paseo por su sendero? Necesito estirar las piernas antes de continuar mi viaje».

«Por supuesto», contesta el encargado. «Siéntete libre de hacerlo, pero mantén tus ojos atentos. No hay nada de qué preocuparse, pero recuerda que aquí hay osos.»

Ahora imagínate empezando tu caminata por el sendero en este bosque hermoso y densamente arbolado. Escucha el viento susurrando entre las copas de los árboles; huele el aroma distintivo del follaje y las flores silvestres a lo largo del camino. Has caminado unos cinco minutos y notas que el sendero por donde vas caminando se bifurca con otro camino. Justo cuando terminas de observar esto, escuchas una tremenda sacudida entre los espesos arbustos detrás de ti. Ves una gran mancha de algo color café y borroso que entra y sale de la maleza.

Sustitución de pensamiento: Renovando tu mente y emociones

Luego escuchas un gruñido profundo. Recordando lo que el encargado te dijo de mantener tus ojos atentos en el bosque porque estás en un área con osos, comienzas a correr por el camino. Sientes que tu corazón se te va a salir del pecho. Te sientes frio e incómodo; estás sudando profusamente. Te agachas, apenas esquivando una rama baja. Sigues corriendo tan rápido como puedes por unos cuatro o cinco minutos.

Cuando finalmente te detienes, te quedas ahí parado jadeando incontrolablemente, y te das cuenta que la parte del sendero por donde ibas debió haber sido una vuelta en círculo, porque has vuelto al lugar donde los dos caminos se cruzan. Estás seguro de que el oso a estas alturas ya se fue. Observas más de cerca lo que creíste que era algo de piel marrón y te das cuenta que en realidad era un musgo de color marrón pardusco en el árbol atrás de los arbustos. Escuchas unos pequeños chirridos provenientes de la maleza, pero sabes que este sonido solo podría venir de un animal pequeño, así que separas los arbustos para echar un vistazo. Delante de ti está la más linda camada de perritos que jamás has visto. Justo entonces, miras un par de metros hacia la izquierda y ves a su mamá. Ella no se mueve o siquiera da una señal de que se quiere mover; pero te mira directo a los ojos y te da un gruñido muy profundo, como diciendo: *Más vale que no te acerques más a mis bebés, o estarás en grandes problemas*. Con una sonrisa en tu cara, vas de regreso a tu auto, pensando en tu interior: *¡Guau! ¡Mi mente sí que puede jugarme malas pasadas!*

Obviamente, nunca hubo un oso de quien salir huyendo—simplemente pensaste que había uno. Ahora piensa en esta pregunta: ¿Hubieran sido diferentes las sensaciones en tu cuerpo o el terror en tu mente si el oso realmente hubiera estado allí? No. El tema no era si el oso realmente estaba allí o no. Tú **pensaste** que el oso estaba allí, lo cual bastó para crear la experiencia de correr aterrorizado; tú **creíste** que estabas en un grave peligro físico.

La mayoría de los temores que te impiden convertir tu sueño en realidad no son causados por una amenaza real.

Se han llevado a cabo estudios médicos y científicos en los cuales personas que estaban experimentando síntomas físicos recibieron placebos—tabletas que no contienen nada más que azúcar (o alguna otra sustancia)—que de ninguna forma afectarían sus síntomas de manera positiva o negativa. Sin embargo, cuando estos pacientes de prueba se les dieron estas pastillas, se les dijo que contenían una medicina muy efectiva para aliviar su sufrimiento o curar sus enfermedades. En muchos casos, los síntomas desaparecieron completamente, aunque no hubo medicina en las pastillas. ¿Por qué? Porque los pacientes creyeron las palabras de la persona que les dijo que se curarían al tomarse estas pequeñas pastillas. Las palabras de promesa dichas a ellos por esa persona, quien ellos percibieron como un experto y autoridad en el tratamiento de sus enfermedades, se convirtieron en una colección de pensamientos que se arraigaron profundamente en sus corazones y mentes. Por lo tanto, esa colección de pensamientos llegó a ser su filosofía para mejorar. A medida que ellos meditaron en esta filosofía aceptada y continuaron reforzándola al tomarse las píldoras como se les indicó, después de un período de tiempo, su filosofía se convirtió en realidad. Una vez que sus corazones y mentes estuvieron saturados día y noche con esta realidad, ellos alcanzaron masa crítica; el proceso innato de sanidad y restauración comenzó a obrar en sus cuerpos para corregir el problema—ya sea que fuera una enfermedad física o psicosomática. De la misma manera, cuando tú reemplazas pensamientos de fracaso, insuficiencia e inseguridad con pensamientos verdaderos, y llegas a estar absolutamente convencido de que tu verdadero destino es prosperar en todo lo que haces, entonces tu filosofía cambia completamente.

¿Te das cuenta de que el pensamiento común en la mayoría de las personas está impregnado con la convicción de que una vida de sueño es solo posible para algunos pocos? La verdad es que es posible para cualquiera que realmente crea que está a su disposición y está dispuesto a actuar enormemente para realizar sus sueños de libertad en cada área de su vida. Por lo tanto, la realidad que muchas personas han aceptado es una mentira total. Yo sé que es muy fuerte describir el pensamiento común de muchas personas como una mentira, pero analízalo por un momento. ¿Quiénes son los que tienen resultados consistentes? Son los que (1) se han establecido metas, (2) las han escrito en un pedazo de papel, (3) las han expresado en voz alta para ellos mismos y a un pequeño grupo de otros socios afines y (4) las han revisado y expandido varias veces al día. Estas personas han comprobado ser 95% más propensos a lograr las metas que se han propuesto cumplir; han afinado los portales de sus «oídos», «ojos» y «boca» para recibir y dar solo pensamientos que son congruentes con los resultados que desean.

Tú tienes cerraduras en las puertas de tu casa. Cuando manejas por un vecindario que parece peligroso, te aseguras de que las puertas de tu auto estén cerradas. Cuando alguien llama a la puerta de tu cuarto de hotel, miras a través de la mirilla para ver quién es antes de abrir.

Sin embargo, es muy común no tener disciplina cuando se trata de proteger tu mente o escoger tus pensamientos cuidadosa y deliberadamente.

Puedes controlar lo que sale de tu boca. Aunque no puedes siempre controlar lo que ves, sí puedes controlar lo que decides mirar y en qué pasarás tiempo concentrándote para dejar entrar por el portal de tus ojos. No puedes controlar todo lo que tus oídos oyen, pero sí puedes decidir todo lo que escucharás, lo que permitirás entrar por el portal de tus oídos y lo que escucharás con tu corazón.

Imagínate que alguien camina hacia ti ahora mismo y te pregunta: «¿Cómo te llamas?». Tú le respondes pronunciando tu nombre con voz clara y fuerte. Después, la persona te pide que deletrees tu nombre. Le respondes deletreando tu nombre despacio y con perfecta articulación. Inmediatamente, la persona pronuncia y deletrea tu nombre a la perfección. Luego la persona te mira directamente a los ojos y dice: «Ese no es tu nombre. Debes estar equivocado». Entonces tú le reafirmas a la persona que, de hecho, este es tú nombre y sacas tu licencia de conducir para mostrarle tu nombre, el cual está claramente impreso. La persona responde: «Tal vez pienses que ese es tu nombre, pero debe haber un error de imprenta». ¿Cuánto éxito tendría alguien que quisiera convencerte que tu nombre realmente no es tu nombre? Simplemente mirarías a esa persona y dudarías si está sana mentalmente.

Como puedes ver, tus pensamientos, filosofía y realidad con respecto a tu nombre están establecidos; no son afectados por esta persona desafiante. Cuando tú ves tu nombre en un papel, no hay duda de que ese es tu nombre. Cuando dices tu nombre, nunca lo cuestionas. Cuando oyes que se dice tu nombre, inmediatamente y sin dudarlo, sabes que el nombre que está siendo mencionado te pertenece.

¡Tú puedes llegar a conocer tu sueño-propósito tan bien como conoces tu nombre! Entender algo es bueno, pero cuando llegas al lugar del conocimiento, el poder resiliente del propósito empieza a obrar.

Quizá estés pensando: *Permíteme decirte algo: Si tú verdaderamente estás pensando eso, entonces ya has decidido lo que sabes. Ya estás utilizando el poder del conocimiento en reversa.* Lo que estás diciendo es que tú sabes que no puedes saber algo mejor. Tu «aparato del conocimiento» está funcionando perfectamente. Has estado utilizando tus ojos, oídos y boca para establecer una realidad en un nivel inferior.

Hace muchos años atrás, en la época de los caballos y carruajes, había un hombre que viajó a caballo todo el día y finalmente alcanzó su destino, un pueblo llamado Smithport. Encontró el único hotel en el pequeño pueblo y se registró en la recepción. Cuando llegó a su cuarto, estaba tan cansado que ni siquiera desempacó su maleta ni se desvistió; solo se quitó las botas y cayó directo a la cama.

Era una noche calurosa y húmeda de verano, y después de reposar por unos pocos minutos, notó que el aire en el cuarto estaba rancio e incluso más caliente que la temperatura de afuera. Por lo tanto, se levantó en la oscuridad y se dirigió a la ventana, e intentó abrirla; pero no cedía. Sintió la base de la lámina del vidrio y percibió que debió haber sido pintada y la pintura había sellado la ventana en una posición cerrada. Estaba tan cansado y acalorado que decidió que rompería la ventana y en la mañana, le pagaría al dueño del hotel para que la reemplazara. Recogió su bota y con un golpe rompió el cristal, dejando solo pequeñas astillas alrededor de los bordes. Aunque no podía verlo por de la negrura de esa noche sin estrellas, se inclinó hacía donde asumió que estaba la abertura y dio un buen respiro. *Aaah, así está mejor,* se dijo a sí mismo. Con eso, volvió a la cama y durmió toda la noche.

Cuando se despertó con la luz de la mañana, se talló los ojos, estiró los brazos y miró a través de la habitación—no podía creer lo que vio. En medio de la total oscuridad de la noche anterior, no había roto el vidrio de la ventana. De hecho, ni siquiera había una ventana en el cuarto. ¡Lo único que había hecho fue romper una bonita pieza de vidrio de la puerta del librero colocada al otro lado de la habitación! No hubo aire fresco adicional que entrara al cuarto la noche anterior, pero él había creído que sí, ¡y eso le había permitido tener una buena noche de descanso! Como puedes ver, la calidad de tus pensamientos determina la calidad de tu vida.

Ya he mencionado esto antes, pero definitivamente vale la pena repetirlo: Mediante investigaciones, psicólogos y psiquiatras han descubierto que el 87% del diálogo interno en las personas promedio es negativo. Una persona tiene entre 40.000 y 50.000 pensamientos cada día y entre 34.800 y 43.500 de ellos son negativos y debilitantes—lo cual significa que la persona promedio solo está experimentando el 13% de la posible vida de ensueño para la cual nacieron. ¿Por qué solo el 13 por ciento? Porque ese

Sustitución de pensamiento: Renovando tu mente y emociones

es el total de diálogo positivo de la persona promedio, el cual proviene de la suma total de sus pensamientos verdaderos y basados en la realidad.

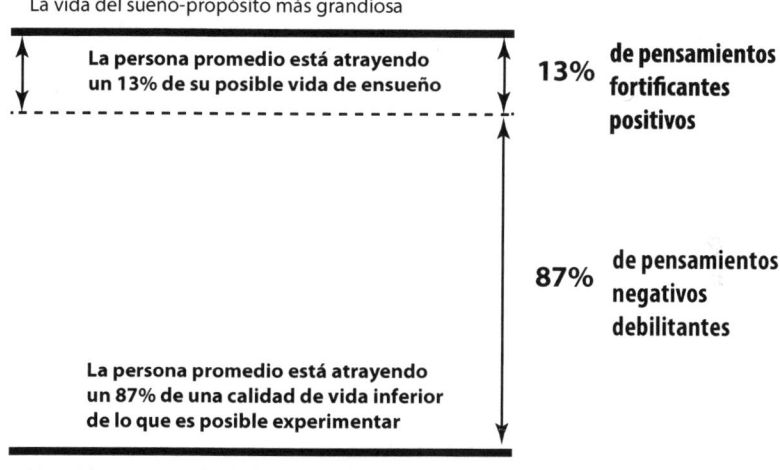

La persona promedio está atrayendo el 87% de lo que no quiere. Los pensamientos son cosas; los pensamientos son decretos. Tú haces un pedido de que recibirás en tu vida con tus pensamientos.

Puede que alguna vez hayas ordenado una pizza para ser entregada en tu casa, pero cuando llegó, tenía ingredientes diferentes a los que tú ordenaste. O podrías haberle pedido a alguien que te consiguiera una pluma, pero la persona regresó con un lápiz. No te preocupes; eso no pasará con el principio del pensamiento. Puedes anotarlo y confiar en él plenamente: «Tal como piensas, así serás».

Sustitución de pensamientos

¿Qué es la sustitución de pensamiento? Es simplemente encender la luz de la verdad basada en la realidad y remover la oscuridad de la realidad basada en la falsedad.

Puedes estar pensando: *Si es falso o erróneo, ¿entonces cómo puede ser realidad?* ¿Recuerdas la ilustración del oso persiguiéndote? Lo que los investigadores han llegado a entender es que si tú crees que el oso realmente te estaba persiguiendo, entonces eso fue real para ti; se convirtió en una de tus breve experiencias de vida en ese momento. No significa que fue un hecho, o que fue real cuando lo comparas con la verdad.

¿Alguna vez has escuchado estas frases?

«La tierra es plana.»

«Este invento de los aviones no funcionará. Si Dios quisiera que el hombre volara, entonces Él le habría dado alas.»

Hubo un tiempo en el que estas frases fueron muy bien aceptadas por las masas como una verdad—hasta que se probó que eran falsas.

Por consiguiente, lo que necesitas hacer constantemente es trabajar en la sustitución de pensamientos, lo cual significa intercambiar esos falsos pensamientos por los pensamientos que están alineados con los principios de propósito, vida, éxito, felicidad y realización. Cómo hacer esto de forma cotidiana será algo que te explicaré más adelante en las páginas de este libro. No existe ninguna forma de lograrlo sin estar en una búsqueda diaria y mantener el enfoque de forma consistente.

Estoy seguro de que entiendes lo que es el diálogo interno negativo. Por ejemplo, es lo que algunas veces sucede cuando estás pensando, planeando algo o actuando en la realización de tus sueños. En ocasiones, hay un murmullo en tu cabeza que dice: *No puedo hacer eso. No soy lo suficientemente inteligente [o rico, o talentoso o guapo]. Nadie más en mi familia tiene éxito. ¿Quién me creo que soy—una especie de pez gordo?* O quizá: *Sí, el resto de mi familia tiene éxito, pero ellos tienen toda la inteligencia y talento. Cuando yo fui creado, no sobró mucho para mí. No tengo las conexiones correctas. Claro, alguna otra persona podría disfrutar un sueño como el que yo tengo, pero las personas así son distintas; son especiales.* Y este susurro sigue, sigue y sigue.

Como deshacernos de pensamientos nocivos

El pensamiento común puede hacer que tú quedes totalmente inmerso en un diálogo interno negativo, sin siquiera estar consciente de que el susurro está allí. Por lo tanto, el primer paso necesario es ser consciente de que parte del diálogo que está en marcha en tu cerebro está, de hecho, actuando en contra tuya. Esto significa más que solo reconocer que alguna parte de tu diálogo interno es negativo. Reconocer que esto está sucediendo te da la oportunidad consciente de hacer algo al respecto.

Puedes tomar uno de dos enfoques para eliminar el diálogo interno negativo: Puedes hacer un examen profundo de todos los detalles complejos sobre qué tan oscuro y dañino es tu lenguaje falso en particular, o puedes concentrarte en llenarte con un diálogo interno positivo basado en la verdad y el propósito y dejar que lo positivo desaloje la falsedad. La segunda opción es obviamente la mejor.

Puedes corregir tus pensamientos al llegar a estar tan

disgustado con ellos que finalmente tomarás acción para encontrar una mejor manera de pensar. Pero el problema principal con este enfoque es que pasas demasiado tiempo pensando en lo que está mal. Para cuando hayas corregido un área particular de un diálogo interno negativo en el cual estuviste trabajando, pasando tanto tiempo merodeando por toda esa basura, en realidad quizá hayas fortalecido la inseguridad en ti mismo en otra parte de tu vida de pensamientos.

Otra forma de ver esta toda esta idea de alinear tus pensamientos con los principios correctos y remover el diálogo interno negativo es estar consciente de la serie constante de imágenes y vídeos que está siendo proyectada en tu mente. Tienes una memoria que es como vídeos cortos andando en tu mente. Desde tu infancia hasta la actualidad, tú accedes a estos cortometrajes y los reproduces para revisarlos cuando ciertas personas o situaciones específicas te hacen recordar circunstancias similares o sentimientos que coinciden con la experiencia que has tenido. Estos recuerdos tipo vídeo son almacenados en tu mente durante toda tu vida. Una parte de estas grabaciones tiene un efecto tranquilizador y positivo en ti, y otra parte te hace dudar o ser atacado por el miedo. También hay imágenes como fotografías de marco fijo a las cuales accedes inmediatamente y las proyectas en la pantalla de tu mente y tienen un efecto similar en ti.

A medida que sustituyes el diálogo interno negativo con pensamientos basados en principios positivos, verdaderos y basados en el propósito, tú reduces y evitas los efectos de grabaciones e imágenes debilitantes que han limitado tu percepción en el pasado. De hecho, lo hermoso que comienza a suceder es que cuando se te presenta una circunstancia en particular, tu mente y corazón harán un repaso regular de toda la grabaciones de vídeo e información de imágenes que has almacenado a través de los años. Pero en lugar de extraer algo negativo o debilitante para mirar, tu mente automáticamente evitará las viejas grabaciones o imágenes que estaba acostumbrada a acceder y extraerá fotografías e imágenes diferentes que están alineadas con los pensamientos nuevos, verdaderos y basados en principios en los cuales has estado meditando. Las viejas grabaciones e imágenes debilitantes simplemente comenzarán a acumular polvo en algún rincón; y a medida que continúes practicando la sustitución de pensamientos, pueden incluso terminar en la papelera o ser borrados completamente.

Algunas personas están muy orgullosas de cuántas películas tienen en su videoteca, así que las guardan en un exhibidor cerca de su centro de entretenimiento y televisor. Otros sacan sus álbumes de fotografías de bodas, vacaciones o de su vida familiar. Aunque cierta cantidad de placer puede provenir de este tipo de actividades, hay cosas más importantes en que trabajar. Tú, mi amigo, debes asegurarte de que estés mirando las películas correctas y mirando las imágenes correctas en tu mente. Atraer pensamientos nuevos, positivos y fortalecedores y desechar los pensamientos viejos, debilitantes y frágiles es un elemento importante de ser libre para vivir la maravillosa vida de sueño-propósito para la cual naciste para conocer como tu realidad.

Cuando entras a una habitación y oprimes el interruptor para encender las luces, ¿alguna vez has visto a la oscuridad discutiendo con la luz? La oscuridad no puede poner sus manos en sus caderas y decir: «Puede que me haya ido la última vez, pero esta vez me voy a quedar». No, cuando tu enciendes el interruptor y se encienden

La magia está en la otra milla

las luces, la oscuridad se tiene que ir. Cuanto más voltaje tengan los focos, más rápido y completamente se llenará el cuarto de luz. Los mismos principios aplican con la sustitución de pensamiento: La velocidad y el rigor con el cual atraes los pensamientos correctos será la misma velocidad y rigor con el cual echarás fuera a los falsos pensamientos. No hay ningún arreglo rápido o limpiador de desagüe mental instantáneo que pueda evitar la necesidad de este enfoque diario.

Siempre es emocionante para mí ver a las personas que están con hambre de implementar el programa de sustitución de pensamientos en sus vidas. Un día, después de terminar de hablar en una conferencia de negocios, una dama vino a mi mesa de libros y cintas y me dijo: «Muchas gracias por compartir tu mensaje con nosotros esta noche. Quiero comprar todas tus cintas y libros. Dame uno de cada uno. Quiero llevarme este material a casa y digerir estos principios para renovar mis pensamientos.»

Mientras estaba autografiando uno de sus libros, ella me compartió cómo había estado luchando realmente contra diálogos internos negativos en su vida personal y profesional, y que sabía que los libros y cintas le ayudarían inmensamente. Luego dijo una frase que siempre recordaré: «Sabes qué, Larry, ¡la vida sería realmente fácil si no fuera tan cotidiana!»

Impactado con la deslumbrante realidad de las palabras que acababan de salir de su boca, la miré y le dije: «¡Guau! ¡Esa es una declaración profunda!»

Creo que tocó un buen punto. Como la vida es tan **cotidiana**, solo un enfoque diario para mantener tus pensamientos correctos va a funcionar.

Sustitución de pensamiento: Renovando tu mente y emociones

Cada día, debes mantener la presión positiva interna más alta que la presión negativa externa, como se ilustra en el diagrama posterior. A medida que alimentes los pensamientos correctos, construirás un recurso de fuerza interna positiva. La presión negativa está llegando a ti constantemente de las personas, los medios, luchas políticas, problemas familiares y una variedad de diferentes influencias. Si tú mantienes tu presión positiva interna más alta que la presión negativa externa, entonces no cederás bajo el peso de las cosas cotidianas o de las dudas que llegan a arrebatar tus sueños.

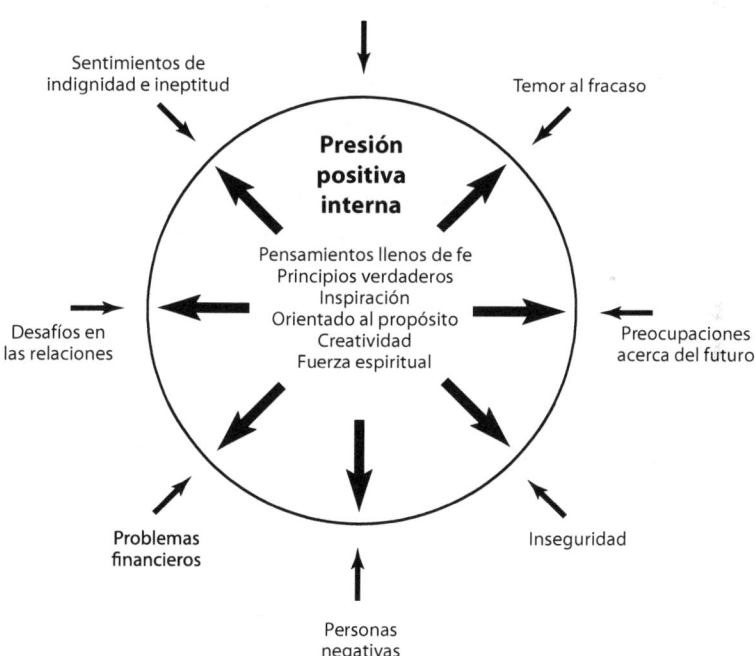

A medida que recibes, asimilas y conoces más pensamientos basados en la verdad y en principios, tú automáticamente estás reduciendo y alejando a pensamientos negativos que han sido anulados. Puesto que el diálogo interno negativo de las personas promedio está en 87%, entonces necesitas comenzar a reducir ese número. Por ejemplo, deberías ir de 87 a 80%, de 75 a 50%, de 40 a 30% y de 20 a 10%. Por supuesto, el objetivo es reducir los pensamientos de diálogo interno negativo a cero por ciento en cada área individual, y en tu vida de pensamientos.

Puede que nunca llegues a un cero por ciento de diálogo interno negativo en todas las diferentes áreas de tu vida al mismo tiempo. Sin embargo, aunque vayas de 87 a 40%, experimentarás un dramático cambio de vida en tu camino a ser tu mejor versión. A medida que haces lo que es necesario para reemplazar y cambiar tus pensamientos, alcanzarás un punto donde notarás evidencia externa de que estás viviendo una vida bendecida. Las personas a tu alrededor dirán: ¿«Qué está pasando contigo? Te ves diferente. ¿Te ganaste la lotería o algo así? Te ves mucho mejor que la última vez que te vi.»

Aprendiendo, desaprendiendo y aprendiendo nuevamente

Recuerdo a un hombre llamado Bill, a quien conocí hace varios años. Cada vez que yo tenía una conferencia en la ciudad donde él vivía, él se aseguraba de estar en la audiencia. Cuando terminaba con mi presentación, lo veía inmediatamente viniendo hacia mí para saludarme (él se esforzaba por llegar a mí tan rápido como fuera posible). Como verás, Bill tenía EM (esclerosis múltiple). Sus piernas estaban dobladas y torcidas; su espalda estaba arqueada y sus brazos y manos enroscadas delante de él. Cuando venía a saludarme, muchas veces tenía una cinta de casete en sus manos.

Recuerdo verlo acercándose hacia donde yo estaba autografiando libros. Yo quería levantarme y encontrarlo a mitad de camino para que él no tuviera que esforzarse tanto. (Obviamente, no hice eso porque hubiera sido muy grosero dejar abruptamente a las personas que estaban platicando conmigo en ese momento.) Con sudor escurriendo por su rostro y sin aliento, él finalmente llegaba a donde yo estaba sentado. Usando toda su concentración para formar sus palabras, me saludaba con dificultad para hablar; yo me paraba y nos dábamos un fuerte apretón de manos. Después de esto, Bill generalmente me daba su cinta y decía: «Larry, este es el último discurso que di recientemente; espero que te guste». Luego platicábamos por un rato.

Bill era un poderoso orador público, no porque era un gran expositor, sino porque él *era* el mensaje que compartía. Un día me compartió su historia, la cual era muy alentadora y conmovedora. Bill había estado incapacitado para caminar, viviendo la vida de una persona minusválida y solitaria, cuando comenzó a asistir a seminarios, leer libros y escuchar cintas para mejorar su vida. Con el pasar del tiempo, Bill trabajó en sí mismo y en su interior; cambió sus pensamientos hasta poder caminar, y llegó a hablar 80% mejor que antes. Luego compartió su historia con grupos de personas. Los periódicos publicaron artículos sobre él y los programas de televisión difundieron historias de interés humano acerca de él. Durante una de las conversaciones entre Bill, otro amigo y yo, le pregunté a Bill: «¿Cómo comenzaste a caminar y a mejorar tu habla en tan poco tiempo?».

La respuesta de Bill fue una revelación: «Larry, cuando comencé a pasar menos tiempo con otras personas minusválidas y más tiempo alrededor de personas que podían caminar bien y hablar claramente, comencé a descubrir que había aprendido mucha de mi incapacidad de otras personas incapacitadas. Cuando comencé a ver ejemplos cercanos de personas viviendo vidas normales, yo lo intenté; yo aprendí a caminar y mi habla mejoró dramáticamente».

¡Guau! ¿Cuántas de las restricciones y limitaciones que das por hecho son realmente falsas incapacidades que aprendiste y que también puedes desaprender y reemplazar con la grandeza que has encerrado dentro de ti durante todo este tiempo?

Con respecto a la persona promedio, el 87% de su vida está llena de restricciones aprendidas. La persona promedio no leería este libro; así que el hecho de que tú estés interesado en esta información indica que tu diálogo interno negativo está por debajo del 87%.

Sería muy complicado averiguar cuáles son los porcentajes exactos de pensamientos negativos falsos o positivos verdaderos; pero sean cual sean los porcentajes, una cosa sí está clara: Nadie en este planeta ni siquiera ha rayado la superficie de su verdadero potencial. Las mentes más grandes que alguna vez han existido fueron (y son) considerados genios. Nos han dicho que las personas más creativas del mundo y aquellos que han realizado los más grandes avances en la ciencia, la medicina y la física han. tilizado menos del 10% de su cerebro para hacer lo que han hecho (o están haciendo) y ser lo que han sido (o son). Tal vez el otro 90% está esperando por algo bueno con que trabajar, ¡porque no puede funcionar con un diálogo negativo interno!

¿Puedes cambiar tu vida positivamente? ¡Sí! ¿Puedes

romper muros en cada área de tu vida? ¡Sí! ¿Puedes ver tu sueño-propósito convertirse en realidad? ¡Sí! Planta un pensamiento, y cosecharás una acción. Planta una acción y cosecharás un hábito. Planta ese hábito y cosecharás un estilo de vida. Planta tu estilo de vida y cosecharás tu destino.

La magia está en la otra milla

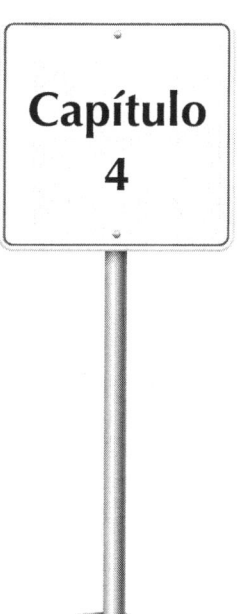

La masa crítica crea libertad

«La libertad nunca es barata y nunca está en venta. Deberás pagar el precio completo, pero siempre vale la pena. Lo que sea que hayas soñado que es la libertad, ¡siempre es mejor de lo que imaginaste!»

—Larry DiAngi

La magia está en la otra milla

Dos ranas machos cayeron en una lata de crema,
o así escuché que dijeron;
Los lados de la lata eran brillantes y empinados,
La crema era profunda y fría.
«¿De qué sirve?», croó el primero.
«Así es el destino; no hay ayuda alrededor. ¡Adiós, mis amigos! ¡Adiós, mundo cruel!» Y todavía en llanto, él se ahogó.
Pero el número dos, con voluntad más férrea,
Nadó como un perro, sorprendido.
Mientras tanto se limpió la cara llena de crema
y secó sus ojos cremosos.
«Voy a nadar por un rato, al menos», dijo él—
O por lo menos, así escuché que dijo—;
«Realmente no ayudaría al mundo
Si otra rana estuviera muerta».
Por una hora o dos, pateó y nadó,
Ni una sola vez paró para murmurar,
Sino que pateó y pateó y nadó y nadó,
Luego, saltó hacia afuera...
¡Por medio de la mantequilla!

(T.C. Hamlet, «**Dos ranas en la crema**».)

La masa crítica crea libertad

Toqué este punto muy brevemente antes en este libro, pero ahora le daremos una mirada más profunda a este principio. Has escuchado acerca de la bomba atómica y el uso de la energía nuclear. **Masa crítica** es un término nuclear. Se refiere a la mínima cantidad de material radioactivo que puede causar una reacción nuclear.

Este mismo principio funciona con una de esas balanzas antiguas, como la balanza que se usa como símbolo de justicia. (Estoy seguro de que has visto una de ellas antes.) Este tipo de balanza se usa al poner un peso de metal que pesa una cantidad específica—digamos tres libras—en el lado izquierdo de la balanza, y luego se llena el otro lado con cualquier sustancia o material que necesita ser pesado. Digamos que quieres tres libras de café. Sigues poniendo granos de café en el lado derecho de la balanza hasta que llega a estar exactamente a nivel con el lado izquierdo, que tiene la pesa de tres libras. Ahora sabes que tienes tres libras de café. Aunque se necesitan cientos de granos de café para llegar al nivel de la balanza, una vez que está a nivel y llena hasta el punto de las tres libras, solo se necesitará una pequeña cantidad de granos adicionales de café para **inclinar la balanza** hacia el lado derecho.

También puedes comparar el hecho de incrementar tu porcentaje de pensamientos positivos y basados en principios a cómo se libera el poder nuclear. Se le llama poder nuclear porque el poder está atrapado en el núcleo del átomo, hasta que se usa el principio correcto para liberarlo. Una nube de electrones negativos rodea el núcleo del átomo—que es muy fuerte—por lo tanto, se usa un haz de neutrones. Este bombardea la nube de electrones hasta que atraviesa el núcleo y continúa bombardeándolo hasta que el átomo se divide—lo cual entonces causa una reacción en cadena y una liberación masiva de energía.

Este es el mismo tipo de proceso que tú atraviesas para ver tu sueño-propósito convertirse en una realidad. Puedes soñar de mayor libertad en las diferentes áreas de tu vida. Fuiste creado para disfrutar de todo tipo de libertad—espiritual, mental, emocional, financiera y de relaciones—incluyendo libertad en tu poder de voluntad, libertad de los temores que te han prevenido alcanzar las mejores cosas, y libertad del temor a la gente.

¿Cuántas de tus acciones están controladas por tu deseo de complacer a otras personas, aun si complacerles te previene perseguir tus sueños? ¿Qué podrías lograr si no necesitaras la aprobación de otra gente para sentirte mejor acerca de ti mismo? ¿Qué pasaría si estuvieras tan colmado con los pensamientos correctos que la gente pudiera discrepar obstinadamente contigo—e incluso oponérsete—y aun así no estarías condicionado a abandonar lo que sabes que sabes?

La masa crítica crea libertad

La libertad es una cosa maravillosa. Por supuesto, el verdadero desafío es seguir creyendo e ir por cantidades más grandes de libertad, incluso en momentos cuando tus circunstancias te están diciendo que te vas a quedar estancado para siempre.

La hora más oscura es justo antes del amanecer

En la liberación del poder nuclear, otro fenómeno muy interesante ocurre que equipara directamente al proceso de penetración necesario para convertir tus sueños en una realidad. Justo antes de que el átomo se divida, el núcleo de hecho se debilita y por un breve momento, parece que la energía requerida para penetrar la nube de electrones negativos y alcanzar el núcleo se gastó en vano. De repente, mientras se encuentra en un estado debilitado, el núcleo experimenta un cambio total: El átomo se divide, la energía se libera y ocurre una reacción en cadena, afectando a los átomos circundantes. De la misma forma, mi amigo, cuando parece que has gastado meses e incluso años persiguiendo un sueño, muchas veces solo se necesitan unos cuantos golpes más para abrir las cosas completamente.

Pienso en mi propia experiencia, durmiendo en el piso de esa oficina. ¿Qué hubiera pasado si hubiera hecho una llamada menos? ¿Qué hubiera pasado si no hubiera marcado el número de ese caballero maravilloso que me invitó a hablar en Reston, Virginia, lo cual también resultó en 150.000 de mis cintas siendo distribuidas? ¿Qué hubiera pasado si, una semana o incluso un día antes, hubiera llegado a sentirme tan derrotado y desalentado que simplemente me hubiera dado por vencido de tomar cualquier acción adicional en mi sueño-propósito?

Me estremezco al pensar lo que me hubiera perdido. En

los pasados 11 años, esto también ha resultado en una multitud de conferencias, con miles de personas presentes en cada una. He tenido el privilegio de hablar en vivo para cientos de miles de personas como una reacción en cadena de esa sola presentación titulada: «Absolutamente imparable». Sí, debes ser absolutamente imparable para ver tus sueños convertirse en realidad. La única forma de tener y sostener este tipo de espíritu imparable es encenderlo y luego continuar suministrándole combustible con los pensamientos correctos.

El pensamiento que inclina la balanza a tu favor
La masa crítica, en lo que se refiere a tus pensamientos, es el número mínimo de pensamientos que es necesario para causar una reacción en cadena en tu vida. Esto funciona como un movimiento hacia adelante para lo positivo o hacia atrás para lo negativo (tal como la mayoría de los principios trabajan).

Los principios bien utilizados causarán una efusión hacia afuera de resultados positivos. Los principios mal usados causarán resultados negativos hacia afuera e implosionarán en la persona que les da mal uso.

¿Cuántos pensamientos basados en los principios y en la verdad se requieren para que una persona esté preparada para un acto de heroísmo? ¿Cuántos pensamientos se requieren para que una persona sepa que nació para ser un éxito?

Tú sabes que el hecho de que un hombre y una mujer tengan un bebé juntos no necesariamente los hace buenos padres. ¿Cuántos pensamientos se requieren para que una mujer u hombre se convierta en un padre amoroso y con cualidades de crianza?

La masa crítica crea libertad

Puesto que es imposible calcular cuántos pensamientos serán requeridos, necesitas seguir el patrón que ha funcionado para otras personas que han hecho sus sueños realidad. El único método y enfoque estratégico garantizado es estar en una búsqueda diaria constante. Alguien dijo alguna vez: «La única forma de lograr grandes cosas es pensar en ellas todo el tiempo y tomar acción continua y proactiva en tus pensamientos».

Estoy seguro de que sabes lo que es la motivación temporal. Puedes estar motivado un minuto y una hora después, ha desaparecido. Es como si tu motivación se hubiera evaporado en el aire como el vapor de una tetera.

La motivación ocurre en tu mente, voluntad, emociones y cuerpo, los cuales componen tu yo exterior. Cuando he hablado en conferencias, he preguntado: «¿Cuántos de ustedes desearían no tener que estar motivados a hacer algo? ¿Cuántos de ustedes desearían poder estar motivados todo el tiempo?» Invariablemente, casi todas las personas en la multitud levantan su mano. Luego yo les muestro exactamente cómo hacer eso. En lugar de buscar la motivación externa, empiezas a hacer lo que es necesario para mantenerte constantemente inspirado en el interior.

Como puedes ver, la motivación es un subproducto; no es algo que se mantiene vivo por sí mismo—es por eso que la motivación externa, en el mejor de los casos, es solo temporal. A medida que practiques una sustitución de pensamientos constante y continua y te llenes a ti mismo con más y más pensamientos inspiradores y llenos de fe, te mantendrás inspirado en tu interior; la motivación externa llegará naturalmente y no se desvanecerá.

No vayas al océano con un dedal

Tengo tres hijas y un hijo: Damica de 15 años de edad; Dina y Denee, gemelas de 12 años de edad; y Anthony de 8 años. A través de los años, ellos han usado muchas estrategias diferentes para negociar conmigo cuando han tenido un objetivo específico en mente.

Una de las técnicas más efectivas ahora es muy obvia para mí y debo admitir que es todavía una de mis favoritas. De vez en cuando, los veo teniendo una reunión, y sé lo que está a punto de pasar cuando se producen esas deliberaciones. He oído las discusiones en sus pequeñas conferencias mientras ellos ignoraban por completo que yo estaba escuchando. Estas pequeñas consultas entre hermanos se basan, generalmente, en un tema y tienen un objetivo: «¿Cómo podemos hacer que papá pase por la tienda y nos compre un capuchino y algunas otras cositas sabrosas?». Bueno, ya sé que la reunión ha terminado cuando veo a uno de ellos dejar el grupo y empezar a acercarse a mí. También sé que en algún momento durante su pequeña sesión de planeación, el negociador que viene aproximándose ha sido elegido como su presente intermediario, enviado para lograr su meta colectiva.

Uno de los momentos en particular que recuerdo es uno de los muchos en los que Denee fue la delegada elegida. Yo estaba sentado en una silla, leyendo. Después de escuchar su reunión breve, la vi aproximándose. Ella vino, se sentó en mi regazo y puso su brazo alrededor de mi cuello. Sus primeras palabras fueron breves y bien elegidas: «Papá,» expresó ella, «¿podemos ir a la tienda y comprar un capuchino y quizá alguna otra cosita?».

No dije sí de inmediato porque he aprendido que

La masa crítica crea libertad

si espero unos cuantos minutos, mi vacilación será recompensada con algunos beneficios. Si resisto la tentación de decir sí inmediatamente, sé que recibiré abrazos, besos y posiblemente, algunas promesas de buen comportamiento en el futuro, y otros beneficios adicionales similares.

Yo respondí: «Bueno, querida, quizá podamos hacer eso».

Dicho eso, Denee optó por usar una estrategia de negociación acelerada. «Por favor, papá,» dijo ella.

Casi pude oír los engranajes girando en su cabeza mientras intentaba elegir su próximo paso cuidadosamente. El enfoque que eligió fue tratar de hacerme sentir como si yo fuera negligente al no decir sí a su solicitud. «Papi», dijo ella (vas a notar que ahora me llamó «papi» en lugar de «papá», para crear un nivel mayor de conexión).

Después de coronarme exitosamente con el título de «papi», el cual debo admitir que toca mis fibras sensibles con mucho efecto, ella continuó: «Ha pasado mucho tiempo desde que paramos a tomar un capuchino. De hecho, íbamos a parar y hacer esto hace algunos días, pero estábamos retrasados y no tuvimos tiempo.»

Luego ella le puso la guinda al pastel. (Creo que ella y sus otros colaboradores saben que el próximo paso en esta estrategia de negociación particular siempre va a funcionar si es que sigue una serie efectiva de súplicas convincentes.) Denee luego me dio un gran beso en la mejilla. «¿Por favor, papi?» dijo con su voz más bonita y adorable, y luego puso su cabeza sobre mi hombro.

Bueno, tú sabes tan bien como yo que cuando todo

había acabado, ya era un trato hecho. Dije: «Ok, cariño, tenemos que salir en aproximadamente una hora. Podemos parar y todos ustedes podrán comprarse un capuchino y un paquete de chicles sin azúcar. ¿Qué te parece?».

«¡Genial!» exclamó Denee. Con su pedido otorgado, ella saltó de mi regazo para ir a compartir su victoria con sus compañeros.

Recuerdo haber estado sentado y reflexionando sobre un pensamiento asombroso después de que se fue: *¡Guau! Eso fue algo realmente muy grande para ella — una tasa de capuchino de 99 centavos y un paquete de chicle de 69 centavos. ¡Si tan solo supiera lo que yo haría por ella y mis otros hijos si verdaderamente lo necesitaran! Gastaría hasta el último centavo que tuviera y me hipotecaría hasta el cuello para salvarlos de cualquier daño.*

No había manera de que ellos pudieran comprender en ese punto de sus vidas qué tan fuerte e inagotable es el amor de su papi por ellos. Todos sus pensamientos sobre mi amor y compromiso hacia ellos y por ellos era todavía limitado. Ellos sabían que podían conseguir cosas de papá y yo sabía que verdaderamente me amaban; pero todos los pensamientos y principios más profundos acerca del amor todavía no se habían registrado en sus mentes para formar una filosofía y realidad completa con respecto a mi amor y compromiso por ellos. Con el tiempo, todos sus pensamientos madurarán, ellos y van a obtener una consciencia más completa de cómo mi corazón desea que sean bendecidos en cada manera.

Tú puedes vivir con la misma percepción que Denee tenía. ¡Es como ir al océano con un dedal para obtener agua! El propósito que tienes en tu esfera de actividad es solo tan grande como el propósito de alguien más en su esfera de influencia. Por lo tanto, en vez de ir al océano con un dedal, ¡trabaja con tus pensamientos hasta que puedas verte llegando al océano con una flota de camiones cisterna!

Por el buen camino…
¿Qué pasaría si estuvieras enfocado como un láser en tu sueño-propósito de tal manera que eso se convirtiera en tu mundo de realidad predominante y supieras que todo lo demás en la vida te fue simplemente dado para ayudar a facilitar tu propósito? Aquí me estoy refiriendo a estar encendido en vez de apagado, fluir en vez de luchar, atraer en vez de acumular cosas, y actuar en vez de simplemente reaccionar a la gente y las circunstancias. Empieza a ser quien realmente eres en vez de solo hacer muchas cosas para tratar de sentir que eres alguien especial. ¡Qué diferencia tan asombrosa que hay entre estas opciones!

Tú sabes cómo se siente estar en racha por un breve periodo, cuando todo lo que tocas parece salirte genial. En momentos como este, puede que incluso hagas o digas algo que es tan asombroso que tendrás que dar un paso al lado por un momento y decirte a ti mismo: ¡*Guau!* ¡*Qué bueno! ¿Acabo de hacer eso?* Esta experiencia es similar a lo que ocurre cuando el bailarín se hace uno con la danza, el músico se hace uno con el instrumento o el jugador de béisbol se hace uno con el bate—ambos moviéndose juntos de forma impecable.

Toqué la batería en bandas de rock en mis años mozos; recuerdo momentos cuando estaba en el escenario tocando y una compleja combinación de rudimentos, tercetos, golpes de platillo y golpes de bombo sincopados se acoplaban de una manera que nunca imaginé que yo podría lograr con tal perfección. Cuando trataba de duplicar lo que acababa de hacer, no podía hacerlo exactamente como la primera vez.

Para mí, este momento en el tiempo fue casi como una epifanía, pero había escuchado a otros bateristas (aquellos que practicaban su oficio con más diligencia que yo) y este tipo de combinación compleja de toques era algo que ellos podían hacer en cualquier momento y con la confianza de hacerlo correctamente en cada ocasión. La razón por la que eso siempre fluía para ellos (y solo me ocurría a mí en momentos fortuitos) era que ellos habían entrenado sus cuerpos para cooperar con una serie de sus pensamientos.

Un maestro de batería me dijo una vez: «Larry, si puedes tocar un compás sobre una mesa con tus dedos, entonces también puedes tocarlo en la batería. Solo necesitas dejar de luchar con tus palillos, pedal de bajo y el platillo. Simplemente deja que tu cuerpo responda con libertad a los compases que corran a través de tu mente.»

El estar **encendido** en la vida no tiene que ser una ocurrencia al azar; puede convertirse en tu procedimiento operativo predecible, cotidiano y normal.

Bueno, aunque has tenido estos momentos de estar **encendido**, también sabes cómo se siente en los momentos cuando estás fuera de balance y te sientes desactivado. Es como si estuvieras caminando con un zapato puesto y el otro no.

También conoces el contraste entre fluir con la corriente

y luchar. Cuando estás tratando de obtener cosas o ganar la atención de otros, tú transmites un sentimiento de necesidad. Cuando te sientes así y otra gente puede sentir que estás necesitado, tu estado emocional frágil hace que sea fácil para ellos manipularte para conseguir lo que quieren. La necesidad también genera una inseguridad intrínseca y un sentimiento de insuficiencia. Está basada en la creencia de que no hay suficiente para todos, así que es mejor conseguir algo, aun si tienes que conformarte con menos de lo que te dejaría satisfecho.

La filosofía de algunas personas es «adquiere todo lo que puedas, guárdalo todo y protégelo». Cuando tú, mi amigo, estás atrayendo algo, estás recibiendo lo que sabes que ya tiene tu nombre puesto. No se lo estás sacando a otra persona y no lo estás recibiendo por casualidad o por engaño. Es tuyo (ha estado esperándote desde el principio) y nadie tiene el derecho de quitártelo; y cuando se vaya de tu vida, sabes que algo mejor tiene que tomar su lugar.

También sabes la diferencia entre actuar y reaccionar. Actuar es un punto de fuerza; reaccionar te desbalancea y resulta en debilidad.

La diferencia entre ser algo o solo hacer algo es la diferencia entre el perro moviendo la cola y la cola moviendo al perro. Si primero eres el verdadero tú, entonces tu rutina cotidiana en la vida tendrá significado y propósito, y estarás inspirado a hacer las cosas que te llevarán más cerca de tu sueño-propósito.

La mayoría de la gente cree que para ser alguien grande tienen que hacer muchas cosas grandiosas. Este tipo de pensamiento es regresivo. Amigo mío, ser quién realmente eres es lo primero que debes hacer. Es entonces cuando te conviertes en alguien absolutamente imparable, y sabes que tu sueño ya tiene tu nombre. Por lo tanto, no te vas a conformar con menos y no serás rechazado. Ocurrirá porque tiene que ocurrir. Sin importar cómo sean tus presentes circunstancias, todavía puedes saber que naciste para la libertad y que, a medida que adoptas los principios de libertad como tu forma de pensar predominante, es solo una cuestión de tiempo hasta que eso se convierta en tu experiencia de vida cotidiana.

Donde está tu verdadera pasión, allí también estará tu tesoro

Tú sabes cómo es realmente querer algo o a alguien tanto qué harías cualquier cosa para tener lo que quieres. Un impulso aún mayor es creado cuando sabes que lo que estás persiguiendo se supone que es tuyo, para ayudarte a ser lo quién fuiste diseñado a ser. Conoces el sentimiento de estar motivado por tener algo o a alguien. Si verdaderamente sabes que quieres esa casa, auto, bote, computadora, prenda de ropa o cualquier otra cosa, entonces vas a averiguar la forma de conseguirlo. Muchas veces, la gente hasta se endeuda imprudentemente porque actúan por impulso para recibir gratificación inmediata.

De la misma manera, cuando te enamoras de alguien, casi inmediatamente sabes que sabes que tu prioridad número uno en la vida es estar con él o ella, aun antes de la primera cita.

Recuerdo con una claridad cristalina la noche en que conocí a mi esposa, Julie. Un amigo mío llamado Toby me había invitado a salir en su bote para observar una lluvia de meteoros que supuestamente iba ocurrir un domingo por la noche. Prometía ser un evento espectacular y se reportó en las noticias que cientos de meteoros estarían volando a través de los cielos a plena vista.

Llegué al barco un poco después de que el sol se había puesto y comenzaba a oscurecer. Aunque llegué justo en el tiempo que habíamos establecido, algunas personas ya habían llegado antes que yo. Toby nos informó que zarparíamos en solo unos minutos, después de que llegaran unos cuantos invitados más. Ayudé a hacer algunos ajustes a las velas del bote, siguiendo las instrucciones expertas del capitán Toby, y luego me senté a relajarme y contemplar el cielo.

Justo ese momento, Toby dijo: «¡Aquí están!». Volteé hacia el muelle y vi a algunas personas aproximándose, pero no pude ver sus caras muy claramente en la oscuridad. Luego, Julie subió al bote y en ese momento, el resto del mundo pareció desaparecer.

¡Guau! pensé yo. *¿Quién es ella?* Me levanté inmediatamente y dije: «Hola, me llamo Larry», a lo cual ella me dio la respuesta esperada de: «Hola, soy Julie». Miré directo a su dedo de anillo en su mano izquierda y me sentí aliviado al ver que no llevaba anillo.

Creo que habré hecho un muy buen trabajo de actuar genial y tranquilo por fuera, pero en mi interior, estaba dando saltos de arriba a abajo. Estaba pensando: *Realmente espero que no esté saliendo con alguien.*

Bueno, por suerte ella no estaba saliendo con nadie en ese momento. Comencé a hablar con Julie y después de haber estado navegando por unos 20 minutos, comencé a percatar la sensación de que ella quizá estaba pensando lo mismo y sintiendo lo mismo por mí que yo estaba sintiendo por ella. No te voy a contar cada detalle de nuestro viaje; pero permíteme decir que mientras observamos asombrados los cientos de hermosos meteoros resplandeciendo en el firmamento, la lluvia de meteoros en el cielo fue una experiencia leve comparada con la pirotecnia que estaba estallando en nuestros corazones.

Mientras estábamos en el barco, Julie mencionó (en el curso de una conversación general con todos a bordo) que probablemente iba a necesitar mover algunos muebles de la casa donde estaba viviendo. Me sentí un poco tímido para invitarla a salir en una cita, pero de inmediato me ofrecí a ayudar a mover sus muebles. Al finalizar esa noche, le pedí su número de teléfono para así darle una llamada «para ayudarle a mover sus muebles».

Para mí, mover esos muebles se convirtió en mi prioridad número uno de la semana. Yo pensaba: *¡Esto es genial! Puedo ayudarla a mover los muebles y luego invitarla a salir en una cita.*

Bueno, funcionó de maravilla. Llamé a Julie el día siguiente y dije: «Pienso que sería una buena idea si paso por tu casa para ver cuántos muebles necesitas mover, así sabré que tamaño de camión debo alquilar».

Ahora, estoy seguro de que te das cuenta de que tanto Julie como yo sabíamos que yo le podía haber pedido esa información por teléfono. Pero supongo que era muy obvio que todo el tema de la mudanza de los muebles era solo una excusa para volver a verla un día después que la conocí, sin dar la impresión de estar demasiado ansioso; y ella estuvo más que feliz de seguir la corriente. Julie primero me permitió satisfacer mi fuerte deseo de evaluar su situación de muebles y luego aceptó salir a cenar conmigo la siguiente noche. La lleve a comer a un lindo restaurante con una hermosa vista del lago. Después de la cena, hablamos por varias horas—aunque el tiempo voló tan rápidamente que me parecieron minutos.

El siguiente día, yo tenía que ir a Washington D.C. a un compromiso para hablar y la cosa número uno en mi mente era poder platicar con Julie por teléfono más tarde ese día. Antes de dejar la ciudad, paré en una florería y ordené una docena de rosas rojas de tallo largo **American Beauty** para que le fueran entregadas con una tarjeta en la cual escribí mis pensamientos más sinceros.

Yo no lo sabía en ese momento, pero Julie estaba pensando la misma cosa y esperaba ansiosamente mi llamada. Cuando la llamé desde mi cuarto de hotel en Washington, ella ya había recibido las rosas y estaba extática; y debo admitir que yo estaba eufórico del otro lado de la línea.

¿No es asombroso como todo lo demás en la vida puede pasar a un segundo plano repentinamente cuando te enamoras? El mundo, de hecho, parece ser un lugar diferente al que estabas viviendo antes de haber sido tocado por la flecha de Cupido. Empiezas a invertir una cantidad ilimitada de energía, creatividad, estrategias y a veces hasta gastos en ganar el afecto de aquél o aquélla en quien has puesto toda tu atención. Tienes un fuego que arde en tu interior que no puede ser apagado; estás en una misión.

Bueno, unos cuantos años más tarde, volví a llevar a Julie a ese mismo restaurante a orillas del lago donde

La magia está en la otra milla

tuvimos nuestra primera cita. (Este restaurante también está ubicado a unas 50 yardas de donde el barco había estado atracado esa noche en que nos conocimos.) Me puse de rodillas en el medio de ese restaurante, saqué un anillo de diamantes de mi bolsillo y le pregunté si pasaría el resto de su vida conmigo en matrimonio. Ella dijo que sí. Nos casamos y ahora estamos más felices de estar juntos que la primera semana que nos conocimos. Estoy muy agradecido por la bendición de poder estar con una mujer tan maravillosa, amorosa y comprensiva. Nos inspiramos el uno al otro a medida que vamos madurando juntos, con el propósito de mantener nuestro amor y compromiso fortalecido, para que nunca demos por sentado el regalo de estar juntos. Sinceramente, la mejor parte de nuestras vidas sigue siendo el tiempo que Julie y yo pasamos juntos.

Puede que tú tengas una historia similar; quizá puedas verte reflejado en la pasión que dos personas pueden sentir cuando desean estar juntas. (Los extremos a los cuales las personas están dispuestas a ir cuando están enamoradas son temas centrales de muchas de las películas exitosas de Hollywood.) Nunca es una cuestión de: *¿Será un inconveniente para mí?;* o, *Si no es fácil, probablemente me daré por vencido y renunciaré.* ¡De ninguna manera! Algo muy absorbente parece tomar control de ti. Haces y dices cosas que bajo otras circunstancias parecerían extremas; incluso corres el riesgo de hacer el ridículo mientras haces lo que sea con tal de estar con esa persona especial.

Los pensamientos que habitan en tu interior crean tus pasiones en la vida. Donde están tus pasiones verdaderas, también es el lugar exacto donde tomarás acción inmediata, consistente e incesante.

Quítate del camino o serás atropellado—Mamá está en una misión

Mi madre era una mamá italiana increíble. Ella creyó en mí cuando yo no creía en mí mismo, y siempre estaré eternamente agradecido por su influencia en mi vida. Como la mayoría de madres italianas de su generación, ella sentía que una de las tareas más importantes en la vida era cocinar buenos alimentos. Amaba cocinar y le daba una gran satisfacción cuidar de su familia. Recuerdo las horas que ella pasaba en la cocina cada día. Al recordarlo, me doy cuenta cuánto disfrutaba el crear diferentes platillos.

Si no disfrutas cocinar, entonces probablemente sería sabio adoptar un enfoque diferente hacia la comida que el enfoque por el cual ella vivía. También creo que debemos comer para vivir, no vivir para comer. Pero si sabes algo sobre la cultura italiana—especialmente en la primeras, segundas e incluso terceras generaciones que vinieron a los Estados Unidos de Italia—comer y preparar sabrosos platillos estaba entre los dos o tres amores en la vida.

Recuerdo un acontecimiento impresionante que ocurrió muchas veces como resultado de la pasión de mi madre por la comida. Al principio, era un misterio para mí; pero con el tiempo, empecé a entender lo que hacía que mi mamá se moviera con tanta determinación y sentido de propósito. Todo empezaba muy temprano en la mañana de cualquier día, con mi mamá recogiendo el diario matutino. De repente, le surgía una extraña mirada en los ojos—como «el ojo del tigre» en las películas de Rocky cuando Sylvester Stallone, interpretando el papel de Rocky Balboa, cambia de ser un hombre tímido e inseguro y se convierte en un campeón con fuego en sus ojos y una voluntad de hierro para sobrepasar probabilidades que parecen insuperables. Mamá tenía esta mirada en sus ojos mientras leía ese periódico, e inmediatamente se levantaba y decía: «Larry, ponte tu abrigo. Vamos a ir a Erie County Farms».

Erie County Farms es un mercado en mi ciudad donde los granjeros de los alrededores, así como algunos otros proveedores, venden productos frescos, carnes y otros alimentos. Cada día, las estanterías, los contenedores refrigerados, las canastas y las cajas en los pasillos estaban llenos de frutas y verduras que muchas veces habían sido cosechados de los campos unas horas antes. Este mercado también era conocido por tener las carnes más frescas y a los precios más bajos en el área.

¿Qué podía generar este fuego en los ojos de mamá, con un sentido de urgencia enfocado para tomar acción inmediata? Era un pequeño anuncio en el periódico que decía: «Pollo a 29 centavos la libra». Ella me abrigaba, me colocaba en el asiento trasero del auto y salíamos a la calle, hasta en el clima más frío.

La primera vez que hice este viaje relámpago al mercado con mi madre, observé uno de los espectáculos más desconcertantes que jamás había contemplado. Ella tomó mi mano mientras caminábamos a paso acelerado (era más como un galope controlado) y me llevó directamente a un mostrador refrigerado en la esquina trasera de la tienda. Cuando llegábamos (como siempre pasaba cada vez que esta aventura se repetía en el futuro), ya había una multitud de hombres y mujeres inquietos apiñados y lo más pegados al mostrador refrigerado que pudieran estar. Mi mamá encontró el mejor lugar disponible y se paró con una pierna delante de la otra. Acuñó su pierna

La masa crítica crea libertad

entre las dos personas delante de ella para enviarle un mensaje a todos los que estaban detrás que ella estaba declarando éste como su territorio.

Algunas de las mujeres todavía llevaban los rulos en el cabello. Pude ver que algunos de los hombres no se habían tomado la molestia de rasurarse; algunas camisas estaban fajadas a la mitad en los pantalones, con la otra mitad colgando. Recuerdo que casi toda la gente parecía que habían estado con demasiada prisa al vestirse esa mañana—y todos ellos tenían la misma mirada en sus ojos que mi mamá tenía en los suyos. Era una mirada que parecía decir: «Aquí hay algunos pollos que llevan mi nombre y no pienso irme sin ellos».

Al principio, ni siquiera sabía que había pollos involucrados en este escenario. Lo único que podía ver era un montón de adultos aferrados contra un mostrador refrigerado. (Todo parece diferente para un niño. El nivel de su vista es diferente al de un adulto. Los niños ven los pedazos de chicle que están pegados debajo de las mesas o escritorios; ellos ven muchas cosas que los adultos se pierden. Un niño ve el mundo desde un punto de vista totalmente diferente.) Por lo tanto, yo usé mi curiosidad poderosa de niño para impulsarme hacia esa multitud y ver de qué se trataba todo el escándalo. (Era mucho más fácil meterme entre la multitud porque era muchísimo más bajo que la mayoría de las personas allí—una ventaja de ser pequeño.) Cuando finalmente me abrí camino a través de todas esas rodillas de adultos, me agarré de la parte superior del mostrador refrigerado y me estiré lo suficiente para poder ver hacia adentro. Al mirar hacia adentro, pensé en mi interior: *¡Qué desperdicio esforzarme por cruzar ese bosque de pantalones y vestidos para ver esto!* ¡Mi decepción

La magia está en la otra milla

fue impulsada por el hecho de que el mostrador estaba totalmente vacío! Ver las paredes vacías y el piso de ese mostrador no parecía ser mucha recompensa después de tanto esfuerzo.

Cuando estaba a punto de dar la vuelta y abrirme camino a través de la multitud, vi que había más de esta saga que todavía estaba desarrollándose ante a mis ojos. De repente, una puerta giratoria se abrió desde el cuarto de atrás. Vi a un hombre pequeño con hombros flexionados (estaba usando un delantal blanco salpicado de sangre) lentamente comenzando a dirigir su carro hacia el mostrador. Cada cabeza en la multitud volteó y lo siguió. Con cada paso que daba, la anticipación colectiva de su audiencia cautiva creaba un sentimiento eléctrico en el aire. El cuello de cada persona se ajustó a cada movimiento del hombre pequeño, como para no quebrar la mirada intensa fijada sobre este mensajero de su deseo.

Finalmente, llegó al lado opuesto del mostrador refrigerado, con solo cuatro pies entre él y su ansiosa audiencia. Estiró su mano hacia su carro, que estaba rebosando con pollos en bolsas plásticas transparentes, tomó una de ellas y la arrojó hacia el espacio vacío del mostrador refrigerado. Antes de que siquiera tocara el fondo del mostrador, una clienta ansiosa la atrapó en el aire. Esta clienta de la primera fila puso el pollo en su carrito de compras y volteó para obtener otro de las manos del carnicero. Cuando se dio vuelta para obtener su segundo pollo, una mujer detrás de ella le sacó el primer pollo de su carrito de compras, lo puso en su propio carrito y volteó hacia otra dirección, fingiendo que nada había ocurrido. Apenas podía creerlo—acababa de ser testigo de un robo de pollo en progreso. La multitud estaba absorta en un frenesí de emoción; y mi mamá, decidida a adueñarse de tres de esos animalitos desplumados para las próximas cenas de su familia, estaba en el medio de toda la acción. ¿Cuál fue el propósito de toda esa espera, energía, poder de pensamiento, estrategia y persistencia? «¡Pollos a 29 centavos la libra!»

Ahora bien, no me malinterpretes: Yo he hecho fila por algo que verdaderamente quería comprar. Y para una excelente oferta, he llegado temprano y me he quedado tarde para asegurarme de conseguir lo que sea que deseaba comprar. Pero el punto es el siguiente: Si la gente está dispuesta a hacer eso por un pollo, una prenda de ropa, un auto, una casa o una venta de cualquier tipo, ¿qué harán por su sueño-propósito? Muchas personas puede enfocarse mucho en algo que es temporal, incluso reorganizando sus vidas para conseguir algo que durará por un tiempo relativamente breve; pero no pueden mantener el mismo enfoque para perseguir su sueño-propósito, el cual les durará toda una vida y les permitirá dejar un legado a sus seres queridos, bendiciendo a sus generaciones por venir.

Ya ves, ¡mi madre sí consiguió tres pollos ese día! Cuando se posicionó y marcó su territorio en esa multitud de competidores, yo sabía que, pase lo que pase, ella no se iba a ir de ese mercado con las manos vacías.

¿Qué se necesita para mantener ese tipo de enfoque, pasión y determinación por tus sueños en la vida? Para que tu sueño-propósito se manifieste completamente, obviamente no va a ser como un viaje rápido a la tienda. Se va a necesitar una corriente continua de pasión y energía para mantenerse allí cuando las cosas no parecen ir tan bien o tan rápidamente como tú hubieras deseado.

¿Cómo puedes recuperarte del desánimo y la dilación? ¿Cómo puedes alcanzar tu propia masa crítica personal y verte rompiendo muros? ¿Cómo puedes lograr libertad en cada área de tu vida?

Todo es cuestión de libertad

Todo empieza con algún tipo de enfoque diario para crear una sustitución de pensamiento positivo. Con este tipo de programa, cada día estás sumando más pensamientos basados en principios al lado correcto de tu balanza.

Al principio, quizá no parezca que se está llevando a cabo mucho cambio, pero muy pronto vas a empezar a sentirte mejor sobre ti mismo y tu vida. Cuando tienes este cambio de perspectiva, esto causa un cambio positivo automático en tu postura personal. Cuando tu postura personal, o carisma, mejora, te conviertes en el tipo de imán apropiado. Empiezas a atraer a la gente correcta a tu vida; empiezas a pensar unas ideas realmente creativas. Luego se te presenta una oportunidad, o una oportunidad que estaba allí desde el principio se revela de repente como el siguiente paso real hacia tu sueño.

Sin embargo, ese nuevo comienzo maravilloso o ese siguiente gran paso no hubiera ocurrido si tú no hubieras colocado ese primer pensamiento de principio positivo en el lado correcto de tu balanza. Simplemente continúas plantando un pensamiento a la vez hasta que empieces a romper los muros y estés viviendo tu sueño-propósito de forma tangible.

Ahora, desglosemos esto para observar exactamente cómo los pensamientos te cambian y luego terminan cambiando tu mundo personal. Has acumulado pensamientos durante toda tu vida. Los has recibido de familiares, amigos, tu educación, la televisión, la radio, materiales impresos, la sociedad—la lista de fuentes sigue y sigue. La acumulación total de pensamientos que has aceptado crea tu filosofía. Tu filosofía crea tu realidad y tu realidad te hará crear la experiencia de tu vida. Tu vida externa coincide con tu percepción interna particular de las diferentes áreas de tu vida y la realidad de tu vida entera.

Si resumes en una palabra el fruto, o resultado, del proceso de «renovar tu mente», la experiencia de vida final y permanente que ocurre es la libertad. La libertad espiritual, libertad mental, libertad emocional, libertad física, libertad financiera y libertad en las relaciones cada día se convierten más y más en parte tu realidad de vida.

Es posible que una persona parezca ser libre en una o varias áreas de su vida, pero siga viviendo bajo un fuerte sentido de restricción. Por ejemplo, existen personas que parecen estar espiritualmente libres, pero cuyas finanzas son un desastre. Otros parecen estar seguros financieramente, pero están viviendo con grandes restricciones espirituales, mentales y emocionales. Aun otros parecen tener todo fluyendo bien en sus vidas, excepto sus relaciones con otras personas.

Si observas de cerca estos contrastes, puedes ver fácilmente cómo todas estas áreas de la vida están definitivamente conectadas una con otra; por lo tanto, la falta de libertad en un área de la vida puede definitivamente disminuir tu nivel de libertad hasta en las otras áreas en las que eres más fuerte. Para que se lleve a cabo una verdadera masa crítica que produce libertad, debes estar dispuesto a mantener tu mente renovada en cada área de tu vida. El 87% del diálogo interno negativo con el cual la mayoría de la gente se engaña produce una restricción general de 87% en sus vidas.

Puedes evaluar fácilmente cuáles áreas de tu vida contienen los porcentajes más elevados de tu diálogo interno negativo. Lo que tienes que hacer es un examen sincero de las diferentes áreas de tu vida. Las áreas en las que estás experimentando los niveles más altos de amor, fe, paz, seguridad y libertad son las mismas áreas en las cuales tienes un gran número de pensamientos auténticos y basados en principios, y una pequeña cantidad de diálogo interno negativo y basado en la falsedad. En las áreas donde estás experimentando los más altos niveles de temor, duda, estrés, inseguridad y restricción, tú tienes un alto nivel de diálogo interno negativo basado en falsedad, y pocos pensamientos verdaderos y basados en principios.

La sustitución de pensamiento verdaderamente efectiva y la masa crítica solo pueden ocurrir en tu vida mental cuando estás trabajando para renovar tu mente en cada área de tu vida. Ahora, en el párrafo anterior dije: «Lo que tienes que hacer es un examen sincero de las diferentes áreas de tu vida». Al decir «lo que tienes que hacer…», no estoy insinuando de ninguna manera que este es un proceso casual. Tienes que ser sincero contigo mismo acerca de tus miedos, dudas, inseguridades y restricciones. Hasta que no identifiques las áreas de tu vida que necesitan mayor trabajo, no puedes empezar un abordaje enfocado con tu programa personal de sustitución de pensamientos.

Es importante entender que llevar a cabo una autoevaluación y ser honesto sobre las áreas de tu vida donde estás viviendo con miedo, inseguridad, duda y

La masa crítica crea libertad

restricción no es una cuestión de obsesionarte con tu debilidad. La clave para librarte de estos obstáculos no es diseccionar totalmente cada problema, sino simplemente descubrir y reconocer las áreas de tu vida que necesitan ser cambiadas, y luego trabajar en ellas.

Trabajar para remover el miedo de tu vida no se logra al encontrar el miedo y tratar de desenterrarlo desde las raíces como si fuera hierba mala creciendo en tu lecho de flores. Es obvio que la mayoría de la gente no disfruta tener miedos e inseguridades, y que les gustaría deshacerse de ellos. Pero debes permanecer continuamente consciente del hecho de que el miedo o inseguridad es solamente un síntoma de una deficiencia en tu vida de la realidad basada en la verdad.

Para remover los síntomas de la debilidad, la causa debe ser eliminada. Enfocarte en el problema no es lo que te libera; es una cuestión de enfocar tu concentración sobre una dieta estable de pensamientos verdaderos y basados en principios. Cuanto más centrado llegues a estar en lo que es verdad en tu espíritu, relaciones, prosperidad y en cada área de tu vida, más libre serás en lo espiritual, mental, emocional, físico y financiero. Este es el proceso que te hace libre para enfocar tu energía en hacer todas las cosas que son necesarias para manifestar tu sueño-propósito tangible en tu vida interna y externa. Por lo tanto, la única razón productiva para encontrar las áreas problemáticas de tu vida es saber dónde necesitas concentrarte más en recibir una infusión de pensamientos de realidad verdaderos y basados en principios. Esto te indicará cuáles libros necesitas leer, qué grabaciones necesitas escuchar, con qué gente necesitas pasar más o menos tiempo, y así sucesivamente.

Se requiere una estrategia deliberada y dirigida para asegurar que estás recibiendo los nuevos pensamientos que te harán concebir y dar a luz el sueño-propósito que naciste para vivir. (Te daré algunas sugerencias más adelante en este libro.) Una gran parte de esta estrategia dirigida incluye un programa diario para tu vida que te dará una camino a seguir en la búsqueda por renovar tu mente. Pero por ahora, veamos cómo evaluar de forma simple y exacta las diferentes áreas de tu vida.

Autoevaluación honesta

A este punto, voy a darte un ejercicio que puedes hacer en aproximadamente cinco minutos. Te animo a que hagas este ejercicio lo más pronto posible. La mayoría de las áreas de la vida en las cuales te conformas con menos de lo que es tuyo por derecho son áreas que has racionalizado hasta tal punto que has empezado a creer que estás experimentando todo lo que es posible para ti. Pensando demasiado con la mente natural y común siempre conduce a la formulación de una serie de pensamientos que justifican tu falta de total libertad en la vida. Estas cavilaciones son reforzadas por el diálogo interno negativo que ya domina tu mente.

Si estás frustrado o restringido en un área de tu vida, o en toda tu vida, es debido a los pensamientos incorrectos que ya has acumulado; por lo tanto, llevar a cabo este ejercicio al hacer una evaluación a través del mismo programa informático mental que ya está repleto de errores solo conducirá a mayor racionalización. Solo puedes saber lo que es verdaderamente real en tu verdadero tú, el cual es decidido, lleno de amor y honesto. Por lo tanto, haz este ejercicio desde tu reacción instintiva—no pensando demasiado, sino escribiendo la primera respuesta que provenga de tu corazón.

La masa crítica crea libertad

Yo me hago esta evaluación una vez por semana, o por lo menos, una vez al mes; y frecuentemente me sorprendo con lo que aprendo. A veces encuentro puntos en mi vida que no me había dado cuenta que existían, y así puedo encargarme de ellos mientras son pequeños, en lugar de permitir que un miedo o una restricción siga creciendo por meses o hasta años.

Esta es una versión simplificada de un ejercicio que he usado y enseñado en el pasado. Cuando estás tratando con cosas del corazón, es mejor mantenerlo lo más simple posible para evitar acceder a viejas formas de pensar que te han mantenido en un nivel más bajo. Una manera que tu yo exterior intenta evitar el cambio es complicando lo que es muy simple, para que se justifique más la dilación. Por lo tanto, vayamos al grano y al punto.

Siéntate con una hoja de papel, y del lado izquierdo haz una lista de las diferentes partes de tu vida (pueden incluir tu espíritu, mente, emociones, finanzas, relaciones y carrera). Otras áreas pueden ser tu estilo de vida, cónyuge (o pareja), hijos, cuerpo y sueño-propósito. Solo toma unos minutos para listar todas las áreas de tu vida que puedas pensar. No te preocupes si dejaste alguna fuera. Siempre puedes agregarle más a tu lista la próxima vez que hagas el ejercicio. Ahora, después de completar la lista, vuelve al inicio y lee la primera área que escribiste. A medida que leas la palabra individual que representa cada área particular de tu vida, dite estas dos palabras a ti mismo en forma de una pregunta: *¿Libertad o restricción?* Una de estas palabras saldrá de tu corazón con más fuerza que la otra. Una vez más, te animo a que no caigas en la tentación de pensarlo demasiado o justificar tu respuesta de ninguna manera. Las cosas son como son; son exactamente así y no hay que darle más vueltas. Darte cuenta de eso es el primer paso para poder hacer que las cosas sean diferente a como son en este momento.

Después de que hayas leído esa parte específica de tu vida y te hayas hecho la pregunta, escribe rápidamente la palabra **libertad** o **restricción** del lado derecho del papel. Después de completar la primera área de tu vida, sigue adelante con la segunda área, luego la tercera y así sucesivamente. Cuando hayas respondido a todas las áreas escritas en la columna de la izquierda, entonces regresa a la parte superior de la lista otra vez y observa lo que has escrito en la columna derecha. Cualquier área de tu vida que tenga la palabra **libertad** junta a ella es un área en la cual has acumulado un gran número de pensamientos basados en principios a lo largo de tu vida. Cualquier área que tenga la palabra restricción junto a ella, es un área en la cual has acumulado un gran número de pensamientos falsos y basados en errores.

¿Cómo puedes estar seguro de que esto es un enfoque efectivo para evaluar y centrar tu vida? Es muy simple: «*Conocerán la verdad, y la verdad los hará libres*». *(Juan 8.32 RVC)* Si no eres libre en cualquier área específica de tu vida, solo significa que debes llegar a conocer algunos nuevos pensamientos para comenzar el proceso de liberación.

Superando las restricciones
Mientras estés revisando tu lista, simplemente reconoce que cualquier área que tenga la palabra restricción junto a ella es un área en la que necesitas trabajar para crear masa crítica. La masa crítica se logra al bombardear esa área de pensamientos de tu vida con los pensamientos correctos. Lee libros. Escucha grabaciones de enseñanza

inspiradora y educativa que te alimenten con los pensamientos correctos en estas áreas específicas. La oración y meditación son influencias maravillosas para renovar tu mente. Asegúrate de encontrar una manera de pasar el mayor tiempo posible en la presencia de gente de calidad que son fuertes en las áreas en las que tú eres débil.

En la medida que la sustitución del pensamiento encabece tu lista de prioridades, día a día, te acercarás más y más a tu propia masa crítica personal en áreas específicas, y también en tu vida entera. Sigue avanzando, aun si no parece que esté marcando mucha diferencia durante los primeros días. De hecho, a medida que empieces a renovar tu mente, la primera cosa que quizá puedas experimentar es un sentimiento de resistencia de tu vieja manera de pensar. Mantén tu impulso, y tus patrones viejos de pensamientos empezarán a perder su dominio; y, en tu interior, vas a tener un conocimiento absoluto que reemplazará las dudas, los miedos y las inseguridades que alguna vez te perjudicaron. También verás manifestados beneficios exteriores que serán producto de la masa crítica basada en el pensamiento y la reacción en cadena que ha ocurrido en el interior. El proceso para el éxito verdadero en cualquier esfuerzo siempre sigue un patrón de un cambio interno que resulta en una expresión externa.

Conocerás a la gente correcta y descubrirás las oportunidades correctas; o, de forma repentina, tus ojos se abrirán a las oportunidades que estuvieron delante de ti desde el principio. Naturalmente empezarás a atraer el amor, relaciones sólidas, bendiciones espirituales, finanzas, paz y muchos otros beneficios, en vez de tratar de forzar que las cosas ocurran. Empezarás a ser y no solo hacer; fluir y no forzarte; actuar en la vida y no reaccionar a las circunstancias y a la gente.

Tu vida de ensueño no es algo que puedes hacer existir a la fuerza. Debes saber que ya te pertenece y luego debes tomar los pasos necesarios para lograr que ocurra. Sí, tienes que hacer toda la actividad externa—y eso suele requerir voluntad de tu parte para mantener una ética de trabajo más fuerte que la de la persona promedio— para que tu sueño-propósito se manifieste. Pero para que sea real, duradero y satisfactorio, todo lo que hagas debe convertirse en una consecuencia natural externa y un subproducto del proceso de libertad que te permita deshacerte de las cargas que te obstaculizan y ser la persona que eres en realidad.

Ahora, me doy cuenta de que vivimos en un mundo que parece estar obsesionado con las apariencias externas, y tal vez sientas que estás en una minoría, operando con una cantidad mucho menor de diálogo interno negativo que la persona promedio. Pero estás en buena compañía, porque todas las otras personas en el planeta que están viviendo una vida verdaderamente libre también son parte de la minoría.

El pensamiento común causa que la gente llegue a estar completamente absorta en suplir sus necesidades internas desde el exterior, y esto conduce al desaliento, frustración y derrotismo. Recuerda: Tu cuerpo, mente, voluntad y emociones te fueron dadas como herramientas para edificar y manifestar tu sueño-propósito. Pero el creador, el escritor, el inspirador, el soñador, el resistente, el persistente, el que no se conformará con menos que el nivel más alto y para el cual fue creado es el que está en tu interior. La evidencia externa de tu sueño es simplemente prueba de que has estado usando las herramientas que te fueron dadas, con inspiración y estrategia, en alineación con el destino que ha estado disponible para ti desde el principio, en el verdadero tú.

Una vez más, tú sabes lo que es experimentar motivación temporal, la cual se evapora en cuestión de minutos, horas e incluso días. La razón de esta falta de habilidad para mantenerse en motivación se revela en la naturaleza de la misma motivación. La motivación no tiene poder por sí misma y en sí tiene una vida útil, o ciclo de vida, muy breve. La motivación es algo que tu experimentas en el yo exterior (mente, voluntad, emociones y cuerpo).

Dicho de forma simple, si te mantienes inspirado en tu sueño-propósito en tu interior, entonces la motivación será automática y continua en tu vida externa. Tu nivel de habilidad para mantenerte inspirado en tu interior depende de la calidad de tus pensamientos. ¿No es interesante como casi todo tiene que ver con lo que está ocurriendo en tu vida de pensamientos? *«Tal como piense un hombre o una mujer, así serán»*; y así se mostrará en su experiencia de vida exterior de cada día.

Tú no te propones vivir una vida en la cual te sientes como un fracaso; tampoco te propones vivir con restricción, frustración y necesidad. Vivir una vida de condena no suele formar parte de tu estrategia planeada y deliberada. El fracaso, la tristeza y la insatisfacción van colmando tu vida un poco a poco, cada día, tal como lo hace el éxito, la felicidad y la satisfacción. Uno de los más grandes peligros es que a través de tu rutina de vida y actividades diarias, perderás tu masa crítica y nunca podrás vivir una vida total de libertad. También es cierto que la libertad para vivir y disfrutar de las bendiciones para las que fuiste puesto en este planeta para experimentar viene al continuamente sumar un poco del lado correcto de la escala de día a día, minuto a minuto y de segundo a segundo.

Está en tus manos

Hace unos años, escuché un cuento acerca de un hombre y una piedra que tenía una cualidad muy especial y milagrosa. A este caballero le dijeron que cualquiera que sostuviera esta piedra en sus manos podría pedir cualquier deseo y se le concedería. Este pedazo de roca asombroso era conocido como La Piedra de Toque, porque la primera persona que la tocara recibiría un gran beneficio. Al estar totalmente convencido de que la historia era verdad, el hombre vendió todas sus posesiones y emprendió un viaje para encontrar esta piedra única. La Piedra del Toque era de color negro, lo cual presentaba un problema. Durante su búsqueda para encontrar la piedra, se dio cuenta que su ubicación oscurecía su visibilidad. El lugar geográfico exacto en el que iba a tener que llevar a cabo su búsqueda era en las orillas del mar Negro. Sería muy difícil rastrear una costa común—examinando cada piedra negra hasta encontrar el objeto deseado—pero el mar Negro presentaba un desafío aún mayor; las orillas de este mar en particular estaban compuestas de solo arena negra y piedras negras.

¡Imagínate! ¡Qué clase de trabajo sería este! No obstante, él se puso en marcha totalmente convencido de que el costo personal o la inversión de tiempo requerida valdría la pena cuando él sostuviera el precioso objeto en sus manos.

Además de su color, había otra forma más para distinguir

La masa crítica crea libertad

la Piedra de Toque de los billones de otras rocas en el planeta—siempre estaba cálida (una peculiaridad de la cual tomó su nombre). Tenía una fuente de calor interna que la mantenía cálida al tacto, incluso cuando todo alrededor estuviera a una temperatura más fría.

El hombre comenzó su largo viaje y finalmente llegó a las orillas del mar Negro. Al observar la costa, debe haberse sentido abrumado con la enormidad de la aparentemente insuperable tarea que tenía enfrente. Pero él ciertamente no había recorrido tanto camino para darse por vencido.

Sabía que iba a tener que usar algún enfoque sistemático para rastrear la playa entera para encontrar esta piedra que era más pequeña que la palma de su mano. Por lo tanto, decidió comenzar su expedición de un lado de costa y cruzar toda la playa, examinando cuidadosamente una pequeña sección a la vez. Luego avanzaría, sabiendo que toda el área detrás de él había sido descartada.

Puesto que la única manera de distinguir la Piedra del Toque de las otras piedras en la playa era ver si tenía esta cualidad de calidez independiente, no podría llevar a cabo su búsqueda de forma efectiva durante las horas diurnas. El sol intenso pegando fuerte sobre la playa calentaría todas las piedras al tacto. Por lo tanto, él esperaba hasta que el sol bajaba cada tarde y todas las demás piedras en la orilla estaban frías, y luego buscaba toda la noche hasta que el sol salía la siguiente mañana.

Pronto descubrió que se confundía en cuanto a cuáles piedras había recogido para evaluar y cuáles no había tocado todavía. Por lo tanto, agregó un paso más en su proceso de eliminación: Una vez que levantaba una piedra para fijarse si estaba cálida o fría, él comenzaba a arrojar cada piedra fría al agua, para que las únicas piedras que quedaran en la playa fueran aquéllas que todavía no había tocado. Su sistema parecía infalible.

Noche tras noche se convirtió en semana tras semana y luego mes tras mes, pero él tenía la determinación de convertir su sueño en realidad. Casi todas sus horas nocturnas de recorrido estaban dominadas por esta sola actividad: Recogía una piedra, sentía que estaba fría y la arrojaba al agua; luego recogía otra, la encontraba fría y la lanzaba al agua. Un turno de 10 horas, con un promedio de examinación de 30 segundos por piedra, equivaldría a 1.200 piedras por noche.

La repetición se hizo bastante monótona; pero él sabía que una vez que encontrara la Piedra de Toque, su vida sería maravillosa desde ese momento. Como mantenía esta visión, continuaba esforzándose, recogiendo las piedras frías y arrojándolas al agua, recogiendo más piedras y arrojándolas al agua. Luego una noche, habiendo repetido este ritual cientos de veces en las horas previas, recogió una piedra y la arrojó—y justo al lanzarla, ¡se dio cuenta de que había estado tibia!

No son siempre los grandes desafíos de la vida los que no te permiten vivir tu sueño-propósito y disfrutar de todos los beneficios que eso conlleva. De hecho, en muchas instancias los momentos en los cuales enfrentaste obstáculos insuperables son los lugares donde puedes mirar hacia atrás y darte cuenta que eran una bendición disfrazada. El obstáculo que tuviste que superar literalmente sirvió como un catalizador para un bien mayor.

Los hábitos y patrones pequeños y cotidianos de tu

vida diaria son mucho más sutiles y con el tiempo, se convierten en una amenaza mucho más grande. Los días, las semanas, los meses, los años e incluso las décadas pueden pasar y cuando miras hacia atrás, puede parecer que has estado dando vueltas. La vida puede convertirse en nada más que una serie de días en los que te levantas cada mañana simplemente para hacer cosas, y luego caer cansado en la cama cada noche para solo despertar la próxima mañana y repetir la misma rutina. La vida nunca fue diseñada para ser una lucha. La vida fue creada para ser algo más que perseguir una zanahoria que nunca parece que logras atrapar.

Es triste decirlo, pero mucha gente que está a punto de morir mira hacia el pasado de sus vidas y se dan cuenta de que desperdiciaron la mayoría de su tiempo ganándose la vida, pero sin jamás haberla vivido. Trabajaron en varios empleos, compraron suficientes productos, financiaron casas y autos, disfrutaron de algunas actividades sociales, comieron mucha comida, pagaron sus cuentas e impuestos y en su tiempo libre, vieron televisión y alquilaron cientos o posiblemente miles de vídeos. Hasta la dicha de haber criado unos hermosos hijos suele estar manchada con la percepción consciente o inconsciente de que nunca les dieron a sus hijos uno de los regalos más importantes. Estaban ocupados vistiéndolos y alimentándolos; estaban enseñándoles a ser buenas personas y asegurándose de proveerles la mejor educación posible. Pero nunca les dieron a sus hijos un ejemplo viviente de un padre que estuvo viviendo su sueño-propósito. A menos que estos chicos tengan la suerte de encontrar un mentor que los guie hacia la grandeza, ellos frecuentemente seguirán la misma existencia de la banda continua que sus padres les mostraron. Pero esta sentencia de prisión de aburrimiento no tiene por qué heredarse. Este ciclo sin propósito puede ser interrumpido por cualquier individuo que tome la decisión de calidad de romper la cadena generacional al transformarse por medio de la renovación de su mente.

Aprovecha este día

Tu propósito es tu Piedra de Toque. Creo que el hecho mismo de que todavía estés leyendo este libro es evidencia de que has decidido no dejar pasar tu vida. Es siempre hoy en el tiempo presente. A las 12:00 a.m., el ayer se convirtió en el hoy; y esta noche, exactamente 60 segundos después de las 11:59 p.m., mañana se convertirá en hoy. Kay Lyons expresó: «El ayer es un cheque cancelado; mañana es una letra de cambio y el día de hoy es el único efectivo que tienes—por lo tanto, úsalo bien».

Puedes estar pensando: *Siento como que ya he arrojado mi piedra al agua. Vi mi oportunidad ir y venir, pero me la perdí.* Bueno, esto no se acaba hasta que está acabado. Algunas de las más grandes historias de éxito de todos los tiempos son de gente que han quedado en bancarrota entre 5 y 10 veces, o a quienes les dijeron que nunca triunfarían, pero ellos decidieron levantarse una vez más y seguir adelante. Lo importante no es cuántas veces caigas; lo importante es que sigas levantándote. No es imposible sumergirte en el agua con equipo de buceo y volver a encontrar tu «piedra de propósito». De hecho, hay varias instancias en la mayoría de nuestras vidas en las cuales nos desviamos del rumbo y tenemos que regresar nuevamente al camino.

La sustitución de pensamiento diaria y continua es la

única forma segura de evitar quedar atrapado en el mismo circuito cerrado que representa la experiencia de la mayoría de la gente de mentalidad común. Ahora, cuando digo «gente de mentalidad común», no estoy sugiriendo de forma alguna que nadie es mejor que nadie. Cada persona es tan preciosa y tan importante como el resto de los individuos. No hay peces gordos y peces flacos. Tampoco hay propósitos grandes y propósitos pequeños; solo hay **propósitos reales**. La persona que sobresale del montón y vive una búsqueda diaria empoderada por el propósito de tener su mente continuamente renovada no es mejor que una persona con mentalidad común, pero esa persona, al final, terminará estando mucho mejor.

Comenzando con el próximo capítulo, voy a analizar los ingredientes que componen tu programa de sustitución de pensamiento y renovación de la mente. Este programa es más que solo algo que usas cuando te sientes deprimido. Es un estilo de vida que está entretejido en la estructura de cada día para ayudarte a evitar estar deprimido en primer lugar. Si vas a pensar de forma diferente y por lo tanto cambiar tu filosofía, tu realidad y tu experiencia de vida, entonces queda totalmente claro que tendrás que encontrar otras fuentes de alimento para tus pensamiento que sean diferentes a esas con las que la mayoría de la gente de mentalidad común se alimenta. Antes de concluir este libro, trabajarás con muchas de las otras facetas y componentes de cómo vivir a niveles más y más altos de sustitución de pensamiento.

En el siguiente capítulo, analizaremos una gran influencia en tus pensamientos y percepciones en la vida, y también una fuente que te permite tener una visión más grande del futuro. Este próximo ingrediente vital es uno que tú encontrarás—sin excepción—en la vida de cada persona que ha vivido, o está viviendo, su sueño-propósito.

Ahora, movámonos al siguiente capítulo juntos y veamos las asombrosas posibilidades que ser guiado y ser un mentor tienen preparadas para ti en el cofre del tesoro de la vida.

Capítulo 5

El principio del mentor

«Muchas personas entrarán y saldrán de tu vida, pero solo los amigos verdaderos dejarán sus huellas en tu corazón.»
«Aprende de los errores de los demás. No puedes vivir lo suficiente para cometerlos todos tú mismo.»
«Amigos, tú y yo … trajiste otro amigo … y ahora somos tres … comenzamos nuestro grupo … nuestro círculo de amistades … y como ese círculo … no hay principio ni fin.»
«Ayer es historia. Mañana es un misterio. Hoy es un regalo.»
—Eleanor Roosevelt

«Algunas personas se miran al espejo para ver quiénes son—pero si realmente quieres saber quién eres, mira a los amigos que eliges.»
—Proverbio chino

La magia está en la otra milla

El principio del mentor

Entre todas las figuras exitosas y heroicas de los tiempos modernos y a lo largo de la historia, pocas veces encontrarás a un individuo que ha logrado grandes cosas sin tener un mentor y sin haber sido un mentor para otros. En el capítulo anterior, examinamos el efecto que tus pensamientos tienen en tu vida. Muy pocas influencias tienen un efecto tan fuerte sobre tu forma de pensar como la que vamos a tratar en este capítulo. La gente a quien tú ves como un ejemplo en la vida y con quien escoges pasar tiempo de calidad, son una parte importante del proceso influyente que resulta en lo que tú aceptas como pensamientos falsos o verdaderos. Hay un dicho que dice «los pájaros del mismo plumaje vuelan juntos». Esta es una declaración muy precisa. Si no eres como los otros «pájaros» cuando te unes al grupo por primera vez, con el tiempo llegarás a parecerte a ellos en pensamiento y acción. Aquéllos a quienes tú le abres tu corazón pueden influenciarte hacia cualquiera de lo siguiente: (1) niveles más y más altos a los cuales aspirar, (2) un nivel donde puedas estancarte, o (3) un nivel inferior a donde caer.

Si vas a llegar más alto en la vida y realizar tu sueño-propósito, no harás tu recorrido solo. De tanto en tanto hay un ejemplo ocasional de una persona que ha tenido tremendos avances en su vida mientras estaba encerrado en confinamiento solitario, encarcelado en un campo de concentración o atrapado en una isla desierta. No obstante, aun cuando leas o escuches la historia de esa persona, descubrirás que en su soledad forzada, esa persona se inspiró en el ejemplo pasado de alguien que tuvo una influencia positiva en ella.

El principio de un mentor es claramente visto en programas de aprendizaje. Por ejemplo, un carpintero maestro tomará a un principiante bajo sus alas y le enseñará a su estudiante el oficio. En algunas áreas profesionales y especializadas, como la medicina, a los aprendices (médicos residentes) ni siquiera se les permite ejecutar lo que ellos han aprendido durante sus muchos años de educación formal hasta que han pasado determinado número de horas trabajando bajo la mirada atenta de un experto. ¿Cómo puede ser que la mayoría de las personas ven este principio de ser guiado y ser un mentor como algo necesario (incluso obligatorio) en ciertas actividades, pero no se dan cuenta que seguir sus sueños de vida generalmente requerirá aprender de alguien que ha tenido éxito en perseguir y vivir sus propios sueños?

De un mentor, uno aprende las habilidades y talentos, así como datos concretos, sistemas y estrategias que uno puede seguir para lograr los resultados deseados en cualquier esfuerzo. Las habilidades naturales que se aprenden de un mentor de sueño-propósito, aunque son importantes, son solo parte de la ecuación. En algunas cosas es mejor lo que se capta que lo que se enseña. Por ejemplo, hay muchas personas que nunca consideraron que podrían vivir sus vidas en un nivel más alto y próspero hasta que tuvieron una idea de cómo era ese nivel más alto mientras estaban en compañía de su mentor. Tal vez hayan estado perfectamente dispuestos a aceptar su destino de vivir una vida de aburrimiento—hasta que tuvieron una buena dosis de ver a una persona que se levanta cada día con la pasión de hacer una verdadera diferencia positiva en su vida y en la vida de otros. Quizá vean los problemas financieros y la escasez como una parte inevitable de la vida—hasta que llegan a realmente conocer a alguien que es financieramente independiente. Tomar el gusto de una vida mejor (o incluso la mejor posible) en cuanto a lo espiritual, mental, emocional, físico, financiero y en las relaciones—algo hecho posible al observar a otros disfrutando de la misma—es una parte importante de llegar a abrirte a una visión más amplia para tu propia vida.

Removiendo percepciones limitantes heredadas
Cuando veas de cerca cómo es posible para otras personas vivir su sueño-propósito, comenzarás a darte cuenta que también es posible para ti.

Una de las más grandes ventajas de tener un mentor es poder obtener una nueva perspectiva de las posibilidades que te has perdido o no te fueron presentadas en tu niñez y adolescencia. Dependiendo de las experiencias particulares de tu infancia, quizá sientas que la enseñanza que te dieron tus padres caería en una de estas categorías: estupenda, buena, adecuada, mala o en algunos casos, hasta abusiva. No obstante, probablemente puedes señalar ciertas áreas donde sientes que tus padres hicieron un gran trabajo de enseñanza contigo. Por otro lado, aunque ellos quizás hayan hecho lo mejor que sabían hacer, puede haber algunas áreas en las cuales su enseñanza tuvo un efecto negativo en tus procesos de pensamientos.

Yo fui influenciado, al crecer con mi familia particular, a ver las restricciones financieras como una forma de vida. Mi papá tuvo varios trabajos a lo largo de su vida, pero siempre parecía que solo podía encontrar empleo como obrero, trabajando bajo algunas de las condiciones más duras. Independientemente de las dificultades que tuvo que soportar, nunca recuerdo a mi papá quejándose; él fielmente puso comida sobre la mesa, ropa sobre nuestras espaldas y techo sobre nuestras cabezas. Es un hombre maravilloso y adorable. No encontrarás un hombre más tierno y generoso sobre la tierra.

Mi papá, que ahora tiene 81 años, sirvió en el ejército y luego trabajó para el Ferrocarril de Pennsylvania por muchos años arreglando locomotoras, por lo general al aire libre. En esos tiempos, el clima de invierno era mucho más severo en Pennsylvania de lo que es hoy. Los inviernos eran largos con temperaturas bajo cero y era muy común ver de tres a seis pies de nieve; los veranos eran todo lo contrario, con altas lecturas de humedad y temperaturas muy calientes. Por lo tanto, él llegaba a casa exhausto cada noche debido al arduo trabajo físico y las inclemencias del tiempo.

Un día, él recibió un aviso de despido y tuvo que buscar otro trabajo. Después de meses de búsqueda, estaba muy desalentado. Nuestra familia tenía que recibir asistencia del gobierno y nuestra alimentación consistía principalmente de las excedentes alimentarios, que era comida dada por el gobierno a los necesitados. (La variedad de las opciones comestibles harían que un perrito caliente o hot-dog pareciera una comida gourmet.) Nuestro menú consistía principalmente de casi cualquier cosa que pudiera ser enlatado: carne enlatada, papas enlatadas, puerco enlatado… bueno, tú entiendes. También había tres diferentes quesos excedentes, junto con varios otros artículos básicos. Mi mamá hacía lo mejor que podía, pero con esos ingredientes excedentes, hasta la cocinera más creativa no podría preparar una comida que siquiera pudiera acercarse a pasar una prueba de sabor. Básicamente, sin importar cómo eran preparados estos alimentos, siempre terminaban con más sabor a la lata de donde provenían que a la comida que supuestamente debían asemejar.

Mi papá estuvo sin trabajo por varios años y la vida fue muy difícil. Siempre hubo verdadero amor en nuestro hogar, pero las presiones financieras y necesidades parecían siempre estropearlo todo. El pago de la casa no se podía hacer ese mes, o el auto se descomponía y no había suficiente dinero para arreglarlo—además de una multitud de otras limitaciones que generaban una atmósfera constante de inseguridad hacia el futuro.

Finalmente, mi papá consiguió un empleo trabajando con calderas para sistemas a vapor. Como antes, el trabajo era físicamente abusivo—se arrodillaba mucho sobre el concreto, y estaba expuesto a vapores tóxicos y también otros elementos dañinos. Sin importar qué tan duro trabajara mi papá, incluso cuando tomó un segundo trabajo y mi mamá comenzó a trabajar fuera de la casa en una carnicería, todavía no parecía que él y mi mamá podían tener suficiente dinero para salir adelante financieramente.

Mi papá tenía 57 años cuando mi mamá murió. Por algunos años, él vivió independientemente y su salud era buena. Pero una vez que comenzaron sus problemas físicos, su salud empeoró lentamente con el pasar de los años—lo cual fue un gran cambio, porque cuando yo estaba creciendo, no recuerdo a mi papá estando enfermo ni un solo día. Tuvo unas series de pequeños derrames cerebrales que le afectaron bastante. Después de su primer derrame, me lo traje a vivir conmigo.

Mi papá vivió conmigo por siete años. Su salud llegó a tal punto que, con mis horarios ocupados de viajes, comencé a darme cuenta de que él no podía arreglárselas sin yo estuviera ahí. Contraté una enfermera que venía y estaba con él todos los días y seguí aumentando el número de horas que ella estaría con él. Finalmente, me quedó claro que vivir conmigo ya no estaba cubriendo sus necesidades. Yo llegaba a casa después de estar fuera de la ciudad y lo encontraba teniendo algunos verdaderos problemas físicos que me indicaron que él necesitaba cuidado constante en un ambiente médico. Por consiguiente, le encontré un buen lugar para vivir que tenía un excelente personal de enfermeras.

Cuando estoy de viaje, le llamo desde hotel o del aeropuerto y le digo que llegaré a casa el día siguiente; lo recogeré y lo llevaré a comer una de sus comidas favoritas en un restaurante italiano. Durante los primeros 30 segundos de cada llamada, no puede hablarme porque se le hace un nudo en la garganta al reprimir las lágrimas. Puedo oírlo siempre del otro lado de la línea tratando de recuperar la compostura. Finalmente,

El principio del mentor

consigue decir unas palabras: «Está bien, Larry, te veré mañana», y luego se le vuelve a hacer un nudo en la garganta y otra vez tiene dificultad para hablar.

Cuando regreso a la ciudad y voy a recogerlo, a menudo está sentado en una silla en frente de la recepción. Una enfermera o guardia de seguridad frecuentemente me informa que él ha estado sentado allí esperando varias horas—aunque ellos han tratado de decirle que yo no llegaría por bastante rato. Él a menudo incluso se niega a dejar su puesto de vigilancia para comer, porque está seguro que ellos están equivocados y que yo entraré por la puerta en cualquier momento. Cuando llego (a la hora que había prometido) y me ve caminar hacia la puerta, él nuevamente lucha para contener las lágrimas y mi corazón se siente enormemente conmovido al darle un abrazo y un beso y al decirle que lo amo.

Su ejemplo de un espíritu generoso, leal, amoroso y fiel siempre ha impactado mi vida enormemente—y lo sigue haciendo hasta el día de hoy. Él siempre estuvo a mi lado mientras estuve persiguiendo mis sueños, ¡y más vale que no le digan nada malo acerca de su muchacho o recibirán un fuerte y enfático reproche! Le doy gracias a Dios por darme un padre tan maravilloso que hizo lo mejor que pudo para educarme en las áreas clave de sus fortalezas y carácter.

Hablé mucho acerca de mi mamá en mi último libro; agregaré aquí que ella también fue maravillosa de tantas maneras. Ella sostuvo la visión para mí durante 17 años, diciéndome constantemente que yo había nacido para viajar por el mundo ayudando a las personas. Las palabras exactas que ella me repetía miles de veces fueron: «Larry, vas a crecer, vas a tener un mensaje ardiendo en tu corazón y vas a hablarle a multitudes de decenas de miles de personas». Cómo ella sabía eso es una historia que no repetiré aquí, porque ya la conté de manera detallada en mi libro anterior.[1] No obstante, digamos que ella sabía que sabía lo que sabía que iba a ser mi destino.

Por 17 años, yo lucía, actuaba, olía, caminaba y hablaba de una forma que era todo lo contrario de alguien a quien 10 personas querrían escuchar. Continuamente decepcioné a mis padres y los hice vivir un infierno total, pero mi mamá aun así continuó sosteniendo esa visión delante de mí. Lo hermoso acerca de esto es que mi mamá vivió lo suficiente para ver los frutos de su labor. De hecho, solo 30 días antes de que mi mamá muriera, di mi primer discurso ante un grupo de personas. Mi mamá se sentó en la primera fila y miró a su hijo comenzar la travesía de la visión que ella había sostenido durante tantos años difíciles.

Los últimos días de la vida de mi mamá fueron muy preciosos para ambos de nosotros. Estuvieron llenos de un profundo amor y honestidad que siempre recordaré y apreciaré. Fui bendecido al poder estar allí y sostenerla en mis brazos cuando dijo sus últimas palabras y dio su último suspiro. Bueno, huelga decir que estoy muy agradecido por mis padres.

Desaprendiendo y reaprendiendo

Sin importar qué tan maravillosa fue tu vida familiar y cuántos pensamientos positivos puedas haber recibido de enseñanzas o ejemplos, probablemente hubo unas cuantas cosas que necesitaste desaprender y reaprender

---

[1] ***El poder resiliente del propósito***, anteriormente titulado: ***Cómo estar dirigido a propósito***.

después que ya no estuviste viviendo bajo el techo de tus padres. Tal vez la vida familiar de tu infancia fue un muy mal ejemplo y aprendiste cómo no querías vivir. Sin importar si tu vida familiar fue buena o mala, siempre hay áreas donde vas a necesitar aprender de nuevos mentores que tienen algo que impartirte que la enseñanza de tus padres no pudo proporcionar.

No lo pierdas
Aunque estaré eternamente agradecido por ser criado en un hogar donde aprendí muchas de las cosas más importantes que el dinero no puede comprar, también aprendí la realidad de cómo los problemas y preocupaciones financieras pueden generar una atmósfera de pesimismo e introducir negatividad al aire que llena el hogar. No era una cuestión del mal manejo de las finanzas; mi mamá era una administradora muy meticulosa del dinero que teníamos. El problema era que nunca había suficiente dinero para cubrir las necesidades básicas de vida y mucho menos para tener una ahorro extra, o tener los recursos para ir de vacaciones y disfrutar el mundo abundante y maravilloso que estaba más allá de nuestra puerta. Sabía en mi corazón que no nacimos para soportar esta clase de esclavitud financiera. Por lo tanto, desde temprana edad comencé a estudiar la vida de las personas que estaban prosperando—no solo en libertad financiera, sino también en todas las otras áreas de sus vidas.

Poco después de salir de la escuela secundaria, tuve la gran fortuna de conocer a un hombre que manejaba una empresa de construcción exitosa y tenía una maravillosa familia. Su enseñanza fue como un curso de introducción que me preparó para los otros mentores y maestros que llegarían a lo largo de mi vida. Aprendí de su ejemplo que las posibilidades para mi vida eran tan grandes o tan pequeñas como yo creyera que fueran. Fue un gran tiempo de preparar la tierra de mi mente para las semillas que serían plantadas más adelante; pero yo todavía era demasiado novato para captar muchos de los principios que yo lo veía a él vivir y practicar todos los días.

Unos años después, conocí a otro hombre que amplió mi visión para la prosperidad y también me dio un ejemplo de cómo era realmente amar la vida y vivir cada día plenamente. Pude ver que, financieramente, él estaba viviendo en un lugar totalmente diferente que yo jamás había visto tan de cerca; él ganaba más dinero en una semana de lo que yo estaba ganando en todo el año. Él donaba dinero para las causas en las que él creía y todavía tenía mucho de sobra. Esta abundancia le permitía a él y a su familia disfrutar de un estilo de vida de alta calidad que yo jamás había presenciado de primera mano. Por supuesto, yo había visto este tipo de estilo de vida de libertad representado en alguna película o en la televisión, pero verlo «tan de cerca y en persona» despertó una convicción en mi corazón de que también podría ser posible para mí.

Pasé varios años trabajando muy estrechamente con este caballero, pero todavía no estaba listo para ver lo que había debajo de la superficie de las bendiciones externas que él y su familia disfrutaban. Pensé que yo estaba adquiriendo los secretos de la vida y los principios para la felicidad y el éxito. Pero después de concluir mis años de trabajo con él, cuando traté de duplicar el éxito que había visto de primera mano en su vida, concluí que debí haber perdido algunos de los puntos principales en los que debería haber estado concentrándome. Me di cuenta que, a pesar de que las respuestas, los principios y patrones estaban justo delante de mí, de alguna forma me los había perdido.

Es una sensación terrible saber que tuviste una oportunidad y la perdiste, y peor aún es la sensación de preguntarte cuándo tendrás otra o si efectivamente te llegará otra oportunidad. Así que, por los siguientes nueve años, continué viviendo con el mismo pensamiento limitado, problemas financieros y esa atmósfera de pesimismo que había visto a mis padres enfrentar cuando yo estaba creciendo.

Una tercera oportunidad
Comencé a preguntarme si tal vez había desperdiciado la última oportunidad que tendría para aprender a ser libre a través del entrenamiento de un ejemplo vivo y real. Estaba listo para hacer lo que fuera necesario para poder tener otra oportunidad de aprender las lecciones que había pasado por alto en la primera y segunda ocasión. Fue en ese momento—cuando llegué a estar 100% dispuesto, hambriento y listo para aprender—que conocí a otro gran hombre quien yo creí estaba calificado para ser mi próximo mentor.

Hice todo lo posible para estar en la presencia de este potencial asesor de vida, porque yo ciertamente no quería desperdiciar otros nueve años vagando en este desierto de ignorancia. ¡Necesitaba ayuda para llegar a mi siguiente nivel superior y la necesitaba ahora mismo!

Varias cualidades de este hombre me impactaron considerablemente. Había áreas similares de sabiduría y fuerza que también fueron evidentes en mi anterior mentor, de quien yo había tenido el privilegio de recibir tutoría. Él amaba a su familia; tenía una gran pasión por la vida y estaba resuelto a estar totalmente dirigido hacia el propósito en todo lo que hacía y decía. Otra razón por la que valoré la oportunidad de recibir su instrucción fue que él tenía un gran caudal de prosperidad en su vida que era también muy similar al de mí mentor anterior. De hecho, él había utilizado aún más los principios de prosperidad—ganaba más dinero en una hora de lo que yo estaba ganando trabajando un mes completo de 40 a 50 horas de trabajo semanal. Es asombroso como todos tenemos las mismas 24 horas en un día, pero la prosperidad que una persona atrae en el mismo día, semana, mes o año puede ser tan dramáticamente diferente de lo que otra persona atrae con las mismas ventajas externas.

Por supuesto, si no tienes amor, paz, realización, propósito, buenas relaciones y una vida equilibrada, todo el dinero del mundo no te dará gozo ni felicidad. Sin embargo, un hecho que no se puede negar es que pocas cosas le quitarán más gozo a una persona o le causarán más estrés, ansiedad, úlceras y discordia intrafamiliar que las perpetuas preocupaciones financieras. Me agrada el dicho que he escuchado muchas veces: «Quizá el dinero no sea importante, pero está allá arriba con el oxígeno». Si no lo crees, ¡trata de vivir sin dinero por algunos meses!

Por lo tanto, cuando tuve una oportunidad de ser entrenado por este tercer caballero, que podía enseñarme las mismas lecciones que yo me había perdido la primera y segunda ocasión, me sumergí de cabeza para aprender todo lo que pudiera; estaba absolutamente determinado y enfocado a no perderme nada.

Este principio de mentor es muy simple. Lo que necesita ocurrir para que funcione este principio para ti (o sea, para que tú te beneficies de un mentor) es que encuentres a alguien con quien te puedas relacionar y a quien respetes con la confianza de que están operando en el nivel más alto al que tú quieres llegar. Luego encuentras la manera de poder estar en la presencia de esta persona constantemente. La mayor parte del tiempo, esto implicará servir a la persona en cierta medida que será una bendición para la persona en sus negocios, familia, causa o propósito en que esté involucrada.

Bueno, esta vez hice un esfuerzo deliberado por mirar debajo de la superficie para observar la causa y el efecto del tesoro de pensamientos y acciones que este mentor me estaba demostrando. Tomé buenas notas y de sus palabras y ejemplo aprendí los principios básicos de la prosperidad, así como también la importancia de una fuerte ética de trabajo.

Con el tiempo, me encontré duplicando los niveles de éxito que él tenía cuando lo conocí, y ahora hasta he excedido ese nivel para seguir elevándome aún más. Por supuesto, ¡los mismos principios y estrategias que me enseñó (y yo adquirí de él) han continuado funcionando en su vida personal y profesional con resultados que le han hecho remontarse hacia las estrellas y más allá!

El camino interior

Otra forma que tu mentor puede ayudarte es no solo mostrándote la mejor manera de operar conforme a los principios verdaderos, sino también informarte sobre qué no debes hacer. He oído personas decir que «la experiencia es el mejor maestro». Aunque no estoy en desacuerdo en que a veces tus propios acontecimientos personales pueden servir como un catalizador para un cambio positivo, hay muchos casos en los cuales te darás cuenta que las experiencias de otras personas pueden ser aún mejores maestros.

Probablemente has tenido esta experiencia de personas dándote direcciones de manejo para llegar a un destino específico: Te dirán que la mejor manera de llegar a tu destino es tomando una ruta que en realidad parece el recorrido más largo. Como conocen el área tan bien, pueden advertirte que en la ruta más corta hay un puente cerrado, que estarás viajando principalmente por caminos de tierra disparejos, o que hay otra razón por la cual la ruta que se ve mejor en el mapa no es necesariamente la más ventajosa para tomar. La única razón por la que tienen esa información valiosa para compartirte es que han estado allí.

¿Por qué chocarte contra una pared si otra persona ya se ha estrellado y puede advertirte sobre ella? Si le escuchas, puedes ahorrarte el tiempo y la frustración de tener que reagruparte y volver a ponerte en marcha. Un mentor te puede mostrar donde están plantadas las minas terrestres; también pueden mostrarte donde está enterrado el oro.

Una vez que presencié, a través de observar el ejemplo de un mentor, como era vivir una vida de libertad, comencé a creer que podría realizar la misma clase de bendiciones. Luego mi convicción siguió creciendo hasta que produjo un fuerte sentido de mérito.

Saber que eres merecedor de libertad en cada área de tu vida, es vital para hacer tu sueño-propósito una realidad. Si no te sientes merecedor de vivir una vida bendecida, entonces pasará una de dos cosas: Nunca llegarás a tu siguiente nivel superior; o, aunque encuentres una manera para alcanzar tu próximo nivel más alto de libertad, te sabotearás a ti mismo para asegurarte que caerás al nivel inferior que tú sientes que realmente mereces.

Saborea la libertad y nunca estarás satisfecho con menos

Una vez que comencé a saborear la libertad, ya no hubo marcha atrás. Me di cuenta por primera vez que las restricciones bajo las cuales mis padres habían trabajado cuando yo estaba creciendo no tenían por qué ser mi realidad. Era como si se había trazado una línea imaginaria alrededor de mí. Yo había aceptado la idea de que era mi destino (a través del ejemplo y la herencia) no tener permitido o ser capaz de ir más allá del círculo en el cual yo había visto a mi familia y amigos vivir sus vidas enteras.

Una vez que saborees disfrutar la vida y experimentes la libertad, una vez que sepas que las mejores relaciones, experiencias y cosas están disponibles para ti—y no solamente disponibles, sino esperándote para enseñarte a recibir lo que es legítimamente tuyo—no hay manera de detenerte. Algunas veces, ¡la única razón por la que no disfrutas de lo mejor es que simplemente no apareces en la vida para reclamar lo que es tuyo!

Recuerdo la primera vez que uno de mis mentores me llevó a un restaurante de cinco estrellas a comer una comida fina y disfrutar de la atmósfera. Hasta esa visita, yo había sentido que un lugar como ese era un terrible gasto de dinero. Sin embargo, desde esa ocasión, he aprendido que el dinero no es solo papel con fotos de presidentes muertos o imágenes de bellas obras de arte. Es un símbolo de la energía, la creatividad y el tiempo precioso invertido conforme al principio de «sembrar y cosechar» o «dar para recibir». Por lo tanto, el dinero es un resultado externo de tus pensamientos internos de abundancia o escasez.

No obstante, permíteme reiterar que no hay peces gordos o flacos en la vida; todos son preciosos, valiosos y maravillosos. De hecho, muchas veces un individuo que se percibe como un pez gordo es simplemente alguien que está fuera de la ciudad con un maletín colgando de su brazo. Si los vieras así con sus familias, tal vez no andarían tan presumidos, ¡porque los miembros de su familia saben quiénes son realmente! Por lo tanto, el dinero en sí no te hace mejor o peor que otra persona, pero la carencia de libertad financiera ciertamente puede mantenerte tan preocupado con tu condición económica que también puede prevenirte ser libre en otras áreas de tu vida. He utilizado esta cita muchas veces; me gusta mucho porque creo que resume un pensamiento muy importante: «¡Una de las cosas más grandes que tener bastante dinero hará para ti es quitarte la preocupación de no tener suficiente dinero!»

Cuando permites que alguien sea tu mentor, debes asegurarte que la persona esté viviendo una vida completamente balanceada. Las oportunidades de expandir tu visión de las posibilidades en la vida, mientras estés en la presencia de un mentor, de ningún modo están limitadas a la libertad financiera. No obstante, un mentor puede habilitarte para visualizar un nivel más alto de libertad para ti mismo en lo espiritual, mental, emocional, y en las relaciones. También pueden fortalecerte para que visualices un nivel superior de libertad en las áreas de persistencia, confianza, creatividad y una multitud de otras facetas para lograr tu sueño-propósito de vida.

El principio del mentor

He comido en cientos de restaurantes finos desde aquella experiencia de la cena con mi mentor, y nunca he sentido culpa o desmerecimiento ni una vez. Después de todo, si esos restaurantes (y todas las otras cosas maravillosas en la vida) no están aquí para nosotros, ¿entonces para quién están?

El punto principal que estoy tratando de plantear es que algunas de las cosas que aprenderás y recibirás de un gran mentor son las cosas que no se enseñan en un salón de clases y no pueden aprenderse en una práctica normal. Si una persona que vive en la banqueta puede tener la experiencia gratificante de ser un amigo cercano (o incluso un asistente) de alguien que vive en la cima de la montaña de su vida, ¡es mucho más fácil para esa persona de la banqueta verse a sí misma (cuando menos) subiendo a la cima del poste telefónico!

Obtener una visión más amplia
Hay muchos aspectos del mundo maravilloso de ser instruido y ser un mentor, pero quiero mantener tus pensamientos consistentes con el enfoque de este libro. Por lo tanto, veamos cómo un mentor puede ayudarte en tu programa diario de sustitución de pensamientos.

Obviamente, aprenderás algunas estrategias prácticas y habilidades de un mentor, pero ese conocimiento práctico no te servirá de la misma forma que está funcionando para tu mentor hasta que no comiences a expandir tu visión. Los principios y métodos que aprendas de tu mentor solo funcionarán para ti en la medida en que puedas comenzar a ver la visión más amplia de vida que ha engrandecido su perspectiva.

Es como tres personas mirando a través de tres diferentes

agujeros en la pared. Una persona está mirando a través de un agujero del tamaño de la cabeza de un alfiler; la segunda persona está mirando a través de un agujero de medio centímetro, y la tercera persona está mirando a través de un agujero del tamaño de un balón de baloncesto. Es la misma pared y el paisaje es el mismo al otro lado de la pared—¡pero qué diferente percepción tendrán esas tres personas!

En el lugar de trabajo, hoy y en el pasado, muchos empleadores y directivos han tratado de conseguir que sus trabajadores miren por el agujero de alfiler o, en el mejor de los casos, por el agujero de medio centímetro. Quieren mantener a sus empleados sintiéndose tan afortunados de tener ese trabajo particular que trabajarán por menos dinero y pondrán más esfuerzo que aquellos que no tienen un sentimiento de culpa. Muchas personas están trabajando solo lo suficiente para evitar ser despedidos, y sus empleadores les están pagando solo lo suficiente para evitar que ellos renuncien.

Cuando salí de la escuela secundaria, inmediatamente conseguí un trabajo en una fábrica, principalmente porque mi papá siempre había trabajado en fábricas. Mi primer trabajo de fábrica fue operando una prensa perforadora. Yo ponía una hoja de metal plana en una prensa que medía 20 pies de altura; se producía un fuerte ruido cuando la prensa chocaba contra la hoja de metal, dejando su impresión, y después sonaba otro ruido fuerte cuando la presa regresaba a su posición elevada. Yo luego retiraba esa pieza, la ponía a un lado, tomaba otra hoja plana de metal y la ponía en la perforadora. Todo ese ruido estruendoso (a pesar del uso de tapones para los oídos) y las 8 o 10 horas al día de repetición me estaban volviendo loco. Pero permanecí en ese trabajo

El principio del mentor

por dos años antes de que se me ocurriera que tal vez pudiera, por lo menos, encontrar algún trabajo que no odiara tanto y que incluso pudiera ser un verdadero peldaño que me acercara a mis sueños.

Lo que los empleadores no siempre percatan es que las personas que trabajan para ellos darían mucho más de sí mismos en su trabajo si supieran que, de alguna forma, su trabajo los va a ayudar a realizar sus sueños. Ya sea que estén trabajando como empleados o como socios en los negocios, siempre correrán más rápido y más fuerte si pueden ver muy claramente «qué pueden ganar».

Este mismo principio aplica en tu familia. Puedes tratar de conseguir que tu cónyuge o tus niños hagan algo de la manera correcta haciéndolos sentir culpables o puedes mostrarles lo que pueden ganar y por qué está en su interés hacer que suceda de la mejor manera posible. Los sentimientos de culpa siempre causan resentimientos y aunque tal vez consigas lo que quieres a corto plazo, a largo plazo perderás.

Por lo tanto, un beneficio natural que recibes de un mentor es pasar desde la visión de un agujero de alfiler a una visión de medio centímetro, y luego a un hoyo del tamaño de un balón de baloncesto, hasta que eventualmente podrás derribar toda la pared.

Esta visión más amplia también te hace ensanchar tu base de conocimiento. Y que no quepa la menor duda: El conocimiento es poderoso.

Visualízate a ti mismo parado en una plataforma en la oscuridad; no puedes ver qué tan elevada está la plataforma por encima del suelo. Ahora das un paso y sientes que comienzas a caerte de la plataforma. Una gran parte del terror que sientes en este momento se debe al hecho de que no tienes conocimiento de qué tan lejos vas a caer antes de que impactar el suelo.

Ahora, imagínate en la misma plataforma, pero esta vez, las luces del salón están encendidas; y puedes ver claramente que la plataforma está a solo seis pulgadas del piso, con una colchoneta de gimnasia delante de ti. Una vez más, te ves comenzando a caer de la plataforma. Esta vez, te preocupas un poco, pero ese sentimiento no se compara en lo absoluto con el nivel de terror que sentiste en la oscuridad.

¿Cuál es la única diferencia en esos dos escenarios? En el último ejemplo, simplemente tienes el beneficio de un conocimiento adicional. No es una exageración decir que tener una idea, leer un libro bien elegido o escuchar una grabación especializada puede cambiarte del miedo a la fe, de la inseguridad a la seguridad, del suelo inestable a una base sólida. Notarás que la mayoría de los días, recibirás más ideas increíbles durante unas cuantas horas que pases observando a tu mentor de lo que habrías podido conseguir durante un largo tiempo operando sobre la base de ensayos y errores.

Sé un mentor
No solo necesitas tener un mentor del cual estés recibiendo, sino que, para alinearte perfectamente con los principios de un mentor, también debes operar completamente conforme al principio de reciprocidad, que es lo mismo que el principio: «En la medida en que das, así recibirás». Por lo tanto, además de tener un mentor, también debes estar instruyendo a otra persona. Donde quiera que te encuentres en la vida,

El principio del mentor

hay personas que necesitan elevarse al nivel que tú estás ahora.

Hay tremendos beneficios al ser un mentor. De la misma que tú probablemente estés sirviendo a tu mentor en alguna forma útil, tu pupilo probablemente llegará a ti con algún talento o habilidad que te ayudará a perseguir tu sueño-propósito. Al mismo tiempo, también los ayudarás a ir más alto. Además de esto, una de las mejores maneras de aprender más profundamente acerca de cualquier principio y plantar más buenos pensamientos en tu programa de sustitución de pensamientos diarios es enseñar esos mismos principios cuando tú estás asesorando a otros.

Un ejemplo maravilloso de cómo funciona este principio de «dar y recibir» se encuentra en la comparación de dos cuerpos de agua en el Medio Oriente: el mar Muerto y el mar de Galilea. El primero tiene una entrada, la cual recibe agua, pero no salida para alimentar otro cuerpo de agua. Por lo tanto, este mar se ha estancado y el contenido de sal es tan alto que las criaturas vivientes y plantas que se encuentran en otros mares, lagos y ríos no pueden vivir allí—de ahí su nombre: el mar Muerto. El segundo cuerpo de agua, el mar de Galilea, tiene una entrada y una salida, como la mayoría de los cuerpos de agua. Históricamente, la vida allí ha sido abundante y floreciente; ha tenido una reputación de sostener las vidas de animales y humanos no solo dentro de sus orillas, sino también alrededor de sus bordes por muchas millas. Aquí está el principio que se encuentra al comparar estos dos ejemplos: Dar genera un flujo que permite que lo mejor de tu ser te llegue a ti. Por lo contrario, ser avaro y cerrado detendrá el flujo y hará que te pierdas lo mejor de ti, lo cual puede quedar atascado aguas abajo sin suficiente corriente para su recorrido. Aunque te alcance, morirá en el agua ácida y tóxica de tus pensamientos negativos. Por lo tanto, estate abierto para dar, aun cuando tengas que creer en alguien antes de que esa persona comience a creer en ella misma. Hay pocas recompensas en la vida que se comparan con compartir lágrimas de gozo con alguien que ha tenido un avance—especialmente cuando sabes que tú has sido decisivo en la guía y asesoría que ayudó a las semillas de su grandeza a echar raíces y crecer. No puedes fluir en inspiración para ayudar a alguien más sin dejar que esa inspiración afecte tus pensamientos y tu vida de forma positiva. Los modelos de conducta son una influencia poderosa y hay pocos sentimientos como la satisfacción de ver a alguien—como consecuencia directa de tu enseñanza—duplicar el éxito que tú ya has experimentado.

Todos hemos sido influenciados en gran manera por modelos de conducta, aunque lo percibamos o no. Recuerdo haber observado oradores públicos cuando tenía siete u ocho años de edad. Iba a mi habitación tan pronto como llegaba a mi casa y cerraba la puerta. A veces agarraba un cepillo para el pelo; otras, agarraba una botella de gaseosa y la sostenía al revés—estos eran mis micrófonos. Me ponía de pie, utilizando mi cama como podio y le hablaba a multitudes imaginarias de miles de personas. Dentro de mi corazón creía que lo que estaba haciendo era un ensayo para lo que yo realmente haría en el futuro. Aunque un espectador podía haber dicho: «Qué lindo, ¿no? Qué fantasía tan improbable», yo solo estaba respondiendo al impulso de mi corazón para comenzar a permitir que mi propósito fluyera—¡aunque todavía pasarían años antes de que la gente viniera a escuchar mi mensaje!

Otra cosa muy valiosa para saber sobre encontrar un mentor, trabajar con un mentor y ser un mentor es que los grandes mentores son siempre grandes buscadores de talento. No encontrarás un gran mentor gastando demasiado tiempo con un pupilo que no es realmente serio en cuanto a su aprendizaje y crecimiento. Aunque podrías conocer a tu siguiente mentor mientras estés comprando tu próximo capuchino, los grandes mentores no están sentados en las cafeterías buscando desesperadamente a su próximo estudiante; de hecho, probablemente no estén buscando en absoluto. Como generalmente sucede es que tú atraes su vista o llamas su atención con tu hambre, pasión y deseo por ser lo mejor que puedas ser. Esto les hace verse reflejados en ti—lo cual les hace recordar memorias de cuando ellos estaban en el mismo lugar de crecimiento en el que tú estás actualmente. Ellos saben que eres un buen candidato porque estás operando con la misma mentalidad que ha crecido en ellos para llevarlos a los niveles de avances más altos; una mentalidad que ha sido un catalizador para la masa crítica en su propio trayecto hacia mayor libertad.

Cuando se te dé el privilegio de estar con tu mentor, sé una **esponja** sin ser una **sanguijuela**. Recuerda respetar a tus mentores como a tus maestros, pero también sé sensible a sus necesidades de privacidad y espacio, como lo harías con cualquiera de tus verdaderos amigos.

Durante el período que se te ha sido asignado para estar con tu mentor, observa todo lo que puedas sin abusar de su bondad. Averigua qué libros leen, qué grabaciones escuchan, que hábitos personales y profesionales son parte de su programa diario, cómo equilibran su trabajo y su vida familiar, cómo se alimentan espiritualmente—y la lista sigue y sigue.

Habrá mucho tiempo después para descansar o darle un descanso a tu atención. Mientras estés en la esfera de actividad de un gran mentor, asegúrate de estar alerta, o al acecho, en todo momento. Los matices aparentemente pequeños que obtienes de tu mentor pueden colorear tu vida con una textura muy rica.

Recuerdo a uno de mis mentores enseñándome la diferencia entre la **emoción nerviosa** y la **intensidad relajada**. ¡Guau! ¡Qué gran diferencia! La emoción nerviosa es un buen lugar para comenzar, y suele ser la primera fase por la que pasarás cuando comiences un proyecto o iniciativa. No obstante, cuando llegue el tiempo de incorporar otras personas a tu visión, para asistirte y ayudarte, necesitarás cambiar hacia una intensidad relajada. Si personas de verdadera sustancia van a afiliarse a tu causa, visión, o negocio, ellos primero tendrán que ser capaces de sentirse verdaderamente seguros y protegidos contigo y tu visión o proyecto.

La intensidad relajada obviamente no es una cuestión de volver a sentarte en tu sillón y hacer nada, y tampoco es una cuestión de estar despreocupado con ningún sentido de urgencia. Más bien, es una consecuencia de trabajar en tus pensamientos hasta que hayas decidido de una vez por todas que vas a ver la visión cumplida, sea como sea. Aunque probablemente estarás moviéndote con un mayor sentido de urgencia y a veces con una actividad exterior muy similar, te moverás más allá de lo incierto. Hasta el nerviosismo que aún tienes será transmutado en la resolución de un compromiso total que sustituye cualquier ansiedad normalmente asociada con moverse más allá de una zona de confort. Cuando relajas la tensión que viene al saber que puedes renunciar, darte por vencido, traicionarte o renunciar a tus propósitos, desde ese punto en adelante, ya no tienes que demostrarle a nadie que eres serio; tú transmites solo confianza.

A todos nos encanta sentirnos seguros y protegidos. Cuando las personas saben que están parados sobre suelo firme cuando están contigo, este **conocimiento** te hará convertir en un imán para que las personas correctas se conecten contigo y te provean todo el apoyo y asistencia que puedas necesitar.

Conviértete en un gran artista

También obtuve un secreto increíble de otro mentor para lograr el éxito: Él era un artista maestro—no un artista con pincel y lienzo; era un artista que pintaba hermosas imágenes con palabras. Lo observé con asombro mientras él hablaba con la gente, ya sea por teléfono o en persona. Pude ver como los individuos al principio dudaban y desconfiaban de sus nuevas propuestas; pero en cuestión de minutos, ellos iban acercándose más y más hasta que voluntariamente respondían: «¿Cómo puedo ser parte de lo que estás haciendo?». Muchas veces, esto sucedía de forma totalmente espontánea y generalmente antes de que él siquiera tuviera una oportunidad para mencionarles que tal vez podría considerar permitirles unirse a su proyecto. Tenía un grupo de apoyo constante a su alrededor—personas que lucharían ante cualquier adversidad para llevar a cabo la realización de la visión y el sueño colectivo.

Recuerdo que me decía: «Larry, tienes que convertirte en un gran artista con las palabras. El lenguaje y la comunicación son la clave. Necesitas llegar a ser tan bueno en pintar imágenes con palabras que cuando hayas terminado de hablar, la gente estará deseando que los pintes en el hermoso cuadro que has creado.»

Esto funciona en los negocios y en tu vida familiar, al igual que en otras áreas de tu esfera de actividad. Puedes tratar de conseguir personas con un señuelo temporal de ganancia inmediata, lo que los convencerá a ayudarte por un día; o puedes pintar una hermosa imagen de las recompensas que llegan con la gratificación retrasada, lo cual les hará querer brindarte su apoyo a largo plazo.

Muchos hombres han pasado por este mismo proceso, encontrando una creatividad e inspiración increíble para pintar una imagen increíblemente convincente y mostrarle a su enamorada qué maravillosa será su vida juntos. Cuando él siente que la ha pintado lo suficientemente bien—con los colores y contrastes más vivos—entonces y solo entonces, él tendrá la confianza de sacar el anillo de diamante para pedirle al amor de su vida su mano en matrimonio.

Este tipo de lecciones se pueden perder si no estás observando a tu mentor atentamente—y he notado que los mentores no siempre hacen todo lo necesario para asegurarse que tú consigas lo que necesitas del ejemplo que te dan. Muchos mentores pueden incluso parecer bruscos o no estar realmente preocupados de si lo consigues o no. Es casi como si supieran que si lo consigues con demasiada facilidad, probablemente no lo retengas o no causará una impresión lo suficientemente fuerte de todos modos. Algunas de las cosas más sutiles que se **enseñan** o se **captan** mientras estás en su presencia podrían ser la semilla para uno de tus avances decisivos en el futuro.

Un equipo imbatible

Si todavía estás respirando, entonces probablemente todavía necesites un mentor. A lo largo de los tiempos, la relación estudiante-maestro ha perpetuado la grandeza que se habría perdido si hubiera sido solo escrito en libros o hablada por espectadores enamorados. La transferencia de los grandes secretos de tiempos inmemoriales, tanto verbales como tácitas, no solo han sido preservadas a través de los años, sino que también se han hecho más vitales con cada generación sucesiva de mentores-estudiantes.

El principio del mentor nunca pasará de moda. No importa cuántas herramientas de comunicación de alta tecnología puedas adquirir; nada jamás reemplazará la calidad de dos personas que pueden mirarse a los ojos y compartir principios y experiencias, con un deseo sincero de aprender, crecer y alcanzar niveles más altos de propósito y libertad juntos.

Cuando sirves a otros como su mentor, serás propulsado cada vez más alto, como resultado de tomar sus manos para ayudarlos a elevarse más. Cuando permaneces en la presencia de tu mentor (constantemente valorando el tiempo que se te ha dado para recibir de él o ella) y sigues siendo perceptivo, tu potencial para una sustitución de pensamiento rápida, efectiva, verdadera y basada en principios es ilimitado.

Un día pasado observando a un gran mentor puede impulsarte en la búsqueda de la renovación de tu mente; también puede cambiar tu perspectiva de vida y perpetuar la absorción y asimilación de la manera correcta de pensar con más intensidad que años de tratar de aprender cómo funcionan las cosas (como un tipo solitario esforzándose por reinventar la rueda).

Un mentor es un gran amigo y un maravilloso regalo.

La magia está en la otra milla

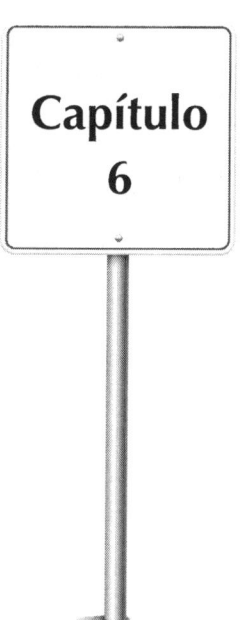

El poder de un programa diario

«*Tu mente será como sus pensamientos habituales; porque el alma se tiñe con el color de sus pensamientos.*»
—Marco Aurelio

«*La motivación puede mejorar tu día. El hábito de pensamientos que inspiran va a cambiar y mejorar tu vida.*»
—Larry DiAngi

La magia está en la otra milla

El poder de un Programa Diario

Una gran parte de mi propósito por escribir este libro es tratar de una forma más extensa varios puntos y principios que he tocado de manera breve en mis trabajos previos. Cada vez que hablo en un evento o escribo un libro, trato de ser sensible a las necesidades de la gente con la que me estoy comunicando. Una forma en que sé qué partes de este mensaje está llegando a la gente exactamente donde vive y qué áreas están supliendo las necesidades más grandes en su vida, es por medio de las preguntas que me hacen. Cuando noto que los individuos que viven en muchas áreas geográficas diferentes y viven vidas muy diferentes están haciendo las mismas preguntas continuamente, sé que necesito enfocarme en esos aspectos específicos del mensaje.

En respuesta a los trabajos previos que he escrito, grabado o mostrado en presentaciones en vivo y en mi página de Internet, un tema está en el primer lugar de la lista. Sin importar el modo de comunicación (carta, correo electrónico, llamada telefónica o en persona), siempre me encanta oír a alguien preguntarme acerca de «el Programa Diario». Este programa es muy querido por mí porque me ha permitido atravesar muchos momentos difíciles y ha hecho los buenos tiempos aún mejores. Muchas veces, doy discursos de 45 minutos y sé que no tendré suficiente tiempo para explicar este programa en su totalidad. Pero mientras estoy compartiendo otros principios con la audiencia, solo menciono este programa de paso y cómo ha cambiado mi vida. Inmediatamente, veo los ojos de la gente iluminarse mientras me escuchan y sé exactamente lo que están pensando. La necesidad de este tipo de enfoque hacia la sustitución de pensamiento es obvia.

Ya sea que las preguntas acerca de este tema sean por escrito o me las hagan personalmente; suelen ser así: «Larry, ¿cuál es el programa diario al que te refieres tan frecuentemente? ¿Cuáles son los componentes específicos del programa? ¿Cómo funciona?»

Créeme, conozco el poder de este simple programa diario. Tengo la certeza de su efecto increíble y positivo en mi vida personal y profesional, y siempre estoy contento de compartirlo con cualquiera que esté interesado.

Educado en la «Universidad de la adversidad»

Comencé a crear este programa hace más de 11 años, durante la época en la que dormí en el piso de la oficina. No tuve una razón externa para creer que estaba destinado a un sueño-propósito de cualquier tipo. De hecho, mis circunstancias parecían estar diciéndome en voz alta que había tomado algunas de las peores decisiones de toda mi vida. La forma en que mis circunstancias externas se veían en ese momento parecía indicar que había pecado de mal juicio al dejar mi programa de TV con la estación afiliada de ABC, mi programa de radio semanal y una ámbito local de discursos para mudarme a Detroit y lanzar mi negocio de conferencias nacionales. Parecía como que había tomado un paso fatal que había resultado en perder el sueño que estuve persiguiendo por muchos años. Me deprimí mucho; me sentí como un tonto total por creer que el nivel más alto al cual estaba apuntando era algo más que una visión descabellada de grandeza.

Aprendiendo a sobrevolar la turbulencia
Llegué a una encrucijada en donde tuve que decidir qué perspectiva iba a darle a mi situación. Tendría que decidir si creería que las circunstancias eran mayores que mi sueño-propósito o tendría que decidir que mi sueño-propósito era demasiado grande para ser detenido por mis presentes circunstancias. ¿En realidad tenía mala suerte o simplemente estaba pasando por lo que la mayoría de la gente atraviesa cuando persiguen sus sueños? Después de todo, un águila no puede volar sin la resistencia del aire bajo sus alas.

Comencé a considerar la posibilidad de que quizá esta turbulencia en mi vida de hecho pudiera (de alguna forma extraña) ayudarme a volar más alto. Miré a Les Brown y supe con seguridad que, de alguna manera u otra, él iba a salir de la situación similar pero aún más precaria que él estaba. También había leído innumerables libros y escuchado muchos testimonios de historias de individuos que habían peleado «la buena batalla de la fe» y triunfado sobre la adversidad.

Por lo tanto, me propuse encontrar una forma de hacer que mi visión interna para el futuro fuera más fuerte que mis circunstancias presentes. Al principio, solo traté de motivarme y «salir adelante con mi propio esfuerzo», pero esto tuvo un efecto muy temporal en mí. Me encontré sintiéndome descorazonado muchas veces cada día y las diferentes técnicas que estaba usando para motivarme parecían ser poco fiables; solo me ayudaban a superar periodos de tiempo más y más cortos—hasta que perdieron todo su efecto.

Sabía que tenía que haber algo más profundo que solo mantenerme entusiasmado con alcanzar mis metas. Luego volví a darle otro vistazo a las historias que había leído y ejemplos que había escuchado acerca de aquellos que habían creado avances en sus vidas. Examiné esos ejemplos atentamente para encontrar el hilo común en todas sus historias. Siempre los había examinado con mi concentración enfocada en los resultados externos que estas personas estaban logrando. Pero después de volver a revisarlos, me di cuenta de que había pasado por alto el trabajo interno en el que estaban constantemente involucrados para salir adelante y lograr sus sueños. A través de mucha investigación, comencé a descubrir que la similitud que era ampliamente consistente en todos sus casos era la forma en que pensaban. La mayoría de estas personas a veces eran percibidas por otros como siendo un poco raras, porque parecían vivir en un mundo de pensamientos muchísimo más adelantado que sus circunstancias externas y mucho más allá de lo que podían comprobar con hechos concretos como su verdadero destino en la vida.

Luego me encontré con el principio de que «como es por dentro, así será por fuera»—que es el principio hermano de «como sea tu fe, así será para ti» y «tal como él o ella piensen, así serán».

Fue entonces que comencé a darme cuenta que yo de hecho había creado mis propios conflictos al tratar de forzar que las cosas sucedieran en el exterior, sin cambiar quién era yo en mi interior.

La inspiración de la desesperación
Fue en este momento que me encontré con una mentalidad y una «actitud de corazón» similar a la que había estado diez años antes, cuando había tomado mis primeros pasos hacia mi sueño-propósito. Estaba tan desesperado por lo que era verdaderamente real que estaba abierto y dispuesto a moverme más allá de mi ego superficial y orgullo para ponerme ante el altar del cambio.

El momento cuando te rindes ante tu propósito es maravilloso, porque es ahí donde se esfuma toda la pretensión, el autoengaño, la resistencia al cambio y el miedo de lo que otra gente pensará de ti. Lo único que te queda es un deseo sincero por lo que es 100% real, y no tienes interés alguno en manipularte a ti mismo o a otros.

El principio de día y noche
Durante este tiempo en el cual mis circunstancias externas parecían contradecir la visión que yo mantenía para mi vida, me di cuenta que los tiempos más difíciles para mantenerme centrado eran las primeras horas de la mañana y cuando intentaba dormir por la noche. Hice un esfuerzo consciente de no dejar esos tiempos al azar, así que hice varias cosas durante esos periodos de mañanas y noche extremadamente vulnerables: Escuchaba una grabación de alguien hablando, ponía música y leía un libro motivador cada día, sin fallar. A pesar de que había leído muchas veces acerca del principio de «meditar día y noche», nunca lo había reconocido realmente por lo que es. Comencé a ver este principio por donde quiera que miraba, ¡y supe que había encontrado algo grande!

No era diferente a los demás en el sentido de que deseaba que mis circunstancias mejoraran. Si le preguntas a alguien en la calle si les gustaría que su vida se enriqueciera con libertad, amor y prosperidad, con menos estrés y más felicidad, su respuesta muy probablemente sería sí. Casi todas las personas quieren que su vida sea mejor. Pero el desafío está en poder mantenerse por el buen camino durante todos esos días en los que estás sembrando, regando y fertilizando las semillas en el jardín de tu sueño-propósito sin ver ninguna evidencia tangible en la superficie de los resultados deseados. Este periodo de tiempo te pondrá a prueba.

Durante este tiempo de mi prueba personal, este programa diario fue concebido en mi experiencia de vida. Poco sabía yo que entre las cenizas de lo que parecía ser mi fracaso más grande emergería un programa diario que ahora está siendo utilizado por individuos a lo largo de los Estados Unidos y el mundo entero.

Mientras este enfoque se estaba formando a través de mi experimentación con diferentes técnicas (las cuales ahora sé que son métodos para la sustitución efectiva de pensamientos), en ese momento, pensé que solo estaba haciendo lo que fuera necesario para atravesar el día sin deprimirme. Desde entonces, me he dado cuenta que la necesidad de este tipo de programa va más allá de tan solo usarlo lo suficiente para salir del estancamiento o liberarse. Cuando se practica de forma continua, es aún más efectivo para prevenir quedar atascado en primer lugar; su mayor beneficio es que mejora la calidad de cualquier día.

A lo largo de los años, he personalizado y ajustado este programa diario para incrementar su potencia en mi propia vida, y tú puedes hacer lo mismo. Al final de este capítulo, te daré una descripción de los módulos individuales de este programa diario para la sustitución de pensamientos. Puede que te sientas tentado a ir hasta el final y ver la descripción del programa, pero probablemente no tendrá mucho sentido para ti ahora, pero sí lo tendrá si continúas leyendo y llegas al final del capítulo naturalmente. Por lo tanto, te animo a que resistas esa tentación y sigas leyendo.

Con el tiempo, he modificado este programa para que sea más conciso y fácil de utilizar. Lo que voy a darte en este capítulo es una versión básica que puedes adaptar a tus necesidades y estilo de vida personal. No hay dos personas que compartan exactamente el mismo estilo de vida, desafíos o sueño-propósito; pero en los últimos 11 años, nunca he conocido a nadie que no ha podido adaptar este programa para su propia vida y obtener resultados maravillosos si la persona es consistente con los pasos dados y está comprometida a ir hacia el próximo nivel.

Ten un gran porqué

En todas las cosas, **porqué** siempre es más importante que el **qué**. El porqué deseas practicar este programa será la fuerza motriz detrás de tu persistencia y tenacidad para mantenerte fiel a la sustitución de pensamiento continua y no caer en viejos patrones de pensamiento y acción.

El mismo tipo de generador de impulso aplica tanto aquí como en estar comprometido y triunfar con un régimen de ejercicio físico. ¿Por qué algunas personas se disciplinan a sí mismas para ser fieles a un programa de salud, estado físico y ejercicio, mientras que otras no? Es porque los que sí triunfan hacen que el buen estado físico sea parte de su estilo de vida; encuentran una manera de mantenerse enfocados en por qué están haciendo el esfuerzo. Los individuos con este tipo de mentalidad no están buscando resultados inmediatos o gratificación instantánea; tienen un compromiso a largo plazo. Rechazan toda noción de que existe una solución rápida, o una píldora mágica, que los transformará en personas con una condición física perfecta.

La mayoría de la gente se mantiene fiel a un régimen de ejercicios por motivos mayores que simplemente mejorar cómo se ven. De hecho, empiezan a disfrutar y apreciar lo mucho mejor que se sienten aún más de lo bien que se ven. Con los beneficios de una resistencia física incrementada y verse bien en el espejo, los individuos comienzan a sentirse más confiados; les resulta más fácil mantener una mejor actitud.

Es en este tipo de proceso que llegan a estar muy conscientes que la cosa más maravillosa que está ocurriendo no es el hecho de alcanzar la meta—lo cual de hecho suele convertirse en algo secundario. El beneficio que más valoran es en qué se están transformando con el proceso.

El afán narcisista es muy trivial e insatisfactorio en el mejor de los casos y deja a la mayoría de la gente con sentimientos mayores de inseguridad a medida que siguen avanzando por ese camino. Pero si tienen el **porqué** correcto para un programa de ejercicio físico, entonces un hecho queda completamente claro: La fuerza y la resistencia adicional que se disfruta físicamente son (como en cualquier búsqueda digna) simplemente el subproducto externo de la fuerza y de la vitalidad creciendo en el interior.

Dale una ventaja física a tu mente

Con todo lo dicho, un programa de ejercicio físico diario es un beneficio indudable y un hábito que salva vidas. El ejercicio físico regular y sistemático va a mejorar tu calidad de vida y ayudará a regular tu peso; es un ingrediente vital de estilo de vida para mantener a tu corazón y a cada otra parte de tu cuerpo fuerte y resistente.

Si no inviertes un poco de tiempo ahora en tu estado físico, entonces algún día te verás forzado a tomar muchísimo tiempo para lidiar con los problemas que resulten de tal descuido. Un hombre dijo: «Si sabía que iba a vivir tanto tiempo, ¡hubiera tomado mejor cuidado de mí mismo!».

Esta comprensión no es una revelación nueva para la mayoría de la gente. Aunque mucha gente todavía elige no escuchar las advertencias de los expertos con respecto a la urgencia de un régimen de ejercicio físico, hoy en día más gente cuida de su salud y cosecha las recompensas de los efectos salvavidas de esta simple disciplina.

Tu estado físico definitivamente influencia tu mente de forma positiva o negativa. Sí, una persona puede estar fuera de forma físicamente y aún mantener bastante agudeza mental. ¿Pero por qué no obtener el beneficio mental positivo incrementado de tener un corazón más fuerte y un flujo de oxígeno mejorado a tu cerebro? Luego súmale a eso la resistencia física incrementada, el nivel de estrés disminuido, más flexibilidad, niveles más altos de resiliencia física y muchos otros beneficios que recibirás al agregarle esta disciplina a tu estilo de vida.

De la misma manera que los individuos suelen posponer un programa de ejercicio físico hasta «mañana» (una palabra clave para una operación clandestina de excusas cuidadosamente elaboradas y dilación), la gente frecuentemente descuida el comenzar un programa de ejercicio para sus pensamientos. Es aún más alarmante darse cuenta de que la persona común vive su vida sin ser consciente de que un programa de salud para su vida de pensamientos es una opción para considerar; ni siquiera se dan cuenta que la renovación diaria de sus pensamientos es una necesidad.

Piensa en lo que estás pensando

Todos atravesamos las mismas fases con respecto a la vida de los pensamientos. Parece que a medida que pasan los años, cada individuo, en un grado u otro, acumula un exceso de bagaje mental en forma de pensamientos debilitantes. Como mencioné anteriormente en este libro, los psiquiatras y psicólogos han dicho que el 87% del diálogo interno de la persona promedio es negativo.

Sin embargo, ¡la persona promedio probablemente ni siquiera está consciente de que está pensando pensamientos en un momento dado! Es verdad que la mayoría de las personas no piensan en lo que están pensando.

Aún más asombrosamente, la persona promedio rara vez percibe que sus pensamientos, en determinado momento, muy posiblemente no sean **sus pensamientos**. Alguien puede decir: «Espera un momento, Larry. Si una persona está teniendo un pensamiento, debe pertenecerle a ese individuo o sino no lo estarían pensando.»

Bueno, examinemos esto por un minuto. ¿Es posible

recibir un concepto o una idea—de otra persona, los medios o tu educación—y simplemente vivir con ese pensamiento sin jamás verificarlo del todo para ver si es verdad o es bueno para tu vida de pensamientos? Por supuesto, esto es posible. Tu mente puede estar llena de muchos pensamientos que tú ni siquiera sabes si son verdad, mucho menos si son saludables o provechosos para ti.

Vivir con pensamientos prestados puede hacerte sentirte como un impostor. Los únicos pensamientos en los que verdaderamente puedes contar son los que has comprobado que son verdad. No hay garantías cuando te apropias de pensamientos aleatorios que primero no has examinado.

Haz abierto, en un momento u otro, un contenedor de leche o un producto de alimento del refrigerador, y CARAMBA, ese olor horrible te ha dado en la nariz. Sabiendo que este alimento en particular se ha echado a perder, nunca soñarías con tomarte un trago de él o comerte un pedazo.

Necesitas ser igualmente selectivo con la asimilación de tu vida de pensamientos. Hasta la persona más consciente de los pensamientos sabe que siempre hay espacio de para crecer en esta área. Tiene sentido examinar tus pensamientos y luego rechazar, o inmediatamente escupir, los que no son saludables para ti. Al no dar nada por hecho, y siempre esforzándote para considerar si has probado personalmente que una forma particular de pensar sea verdad, puedes evitar la mayoría de los obstáculos que son autoimpuestos internamente antes de que siquiera se conviertan en un problema externo.

¿De quién son los pensamientos que estás pensando?

Tal como mencioné antes, otro aspecto de permanecer constantemente consciente de la calidad de tus pensamientos, requiere que examines la posibilidad de que muchos de los pensamientos que consideras tuyos en realidad son pensamientos de otra gente. Una razón por la cual tú aceptas estos pensamientos ajenos tan fácilmente es que, por lo general, terminas pensándolos en **primera persona**. En otras palabras, te escuchas a ti mismo pensando acerca de estos pensamientos no calificados en tu propia voz y no en la voz de la persona de quien los recibiste originalmente.

Cuando aceptas una forma de pensar al pie de la letra, ese conjunto de pensamientos te afecta; y los resultados pueden hacerte (muy a tu pesar) perder terreno en lugar de que avanzar.

Aunque hay pensamientos que tú **posees** sin calificarlos, también existen los pensamientos que yo llamo **flotantes**. La peculiaridad de los pensamientos flotantes es que aunque nunca hiciste un esfuerzo por hacer lo que era necesario para poseerlos o rechazarlos, estos pensamientos pueden mantenerte en un estado de limbo y causarte que seas indeciso.

Estos pensamientos pendientes definitivamente pueden fomentar tu tendencia a aplazar. Mientras que los pensamientos flotantes tienen permitido merodear en la atmósfera alrededor de tu cabeza, vives en un estado de sentirte como que tienes que seguir esperando todos los hechos antes de que puedas tomar una decisión. Estos pensamientos pueden ser saludables, pero siempre es arriesgado permitirles continuar nadando alrededor de la superficie de tu mente, sin saber qué tipo de efectos adversos puedan tener. La medicación es un ejemplo clásico aquí. Se supone que ninguna droga puede ser lanzada para el uso general del público hasta que los posibles efectos secundarios no hayan sido investigados y evaluados en su totalidad.

Algunos estudios parecen indicar que tú empiezas a recibir tus primeras influencias formadoras de pensamientos mientras que todavía estás en el vientre. A través de un milagro de la creación, tú (todos llegamos aquí de la misma forma) fuiste concebido en el vientre de tu madre. Dentro de pocas semanas, comenzaste a oír sonidos viniendo del exterior de tu hogar cálido y acuoso. Puede que no hayas entendido el lenguaje todavía, pero seguramente pudiste saber si se sentía positivo o negativo. Cuando había ruidos fuertes y emoción en el mundo exterior no visto todavía, tu pequeño corazón comenzaba a latir más rápido. Cuando sentías la vibración de una música tranquilizante emitida por un sistema de sonido filtrándose hacia el vientre de tu madre, tu corazón se tranquilizaba y tú te calmabas. Pasaste nueve meses en esta atmósfera segura y luego BUM… saliste al exterior.

Ahora, asumirías que al nacer, tú como un bebé recién nacido, empiezas con un historial limpio en tu vida de pensamientos. Pero tú, siendo un pequeño manojo de alegría, tal vez ya hayas recogido impresiones y pensamientos que van a convertirse en una forma de pensar reforzada. Esto puede ocurrir cuando tus cinco sentidos confirman qué era ese sonido o sentimiento que primero oíste o sentiste mientras aún estaba amortiguado y escondido de la vista.

Y así empieza el proceso de absorber una infinidad de

mensajes que formarán tu diálogo interior, verdadero y basado en el principio, y tu diálogo interior falso y negativo. Luego atraviesas los primeros años de tu vida absorbiendo nuevos pensamientos como una esponja.

Puede que hayas mirado a tus padres como si fueran la autoridad final omnisciente e infalible en cada tema. Cuando eras muy pequeño, probablemente te diste cuenta que tus padres solo te decían lo que era verdaderamente bueno para ti.

Cuando tú ya dejaste de considerarte un jovencito, puede que hayas empezado a ver que algo de lo que tus padres te dijeron o demostraron no era exactamente «como son las cosas». Tuviste que enfrentar a otras figuras de autoridad que parecían ser tan creíbles que estaban salvas del escrutinio.

Sí, aun ahora a medida que progresas a través de tus años de adultez, el ritmo sigue y sigue. Cuando escuchas a alguien hacer una declaración en un programa de noticias en la televisión u obtienes alguna información o estadísticas del Internet, la mayor parte del tiempo se te hace creer que debe ser verdad.

Bueno, estoy seguro que te das cuenta de que la cuestión no es tan simple o definida. Cada palabra y reporte que oyes o ves no es necesariamente veraz, sino que pueden tener cabida en un conjunto de pensamientos incorrectos, y sin embargo todavía pueden parecer muy lógicas cuando proviene de una fuente que tú crees que has demostrado ser confiable. Sería bueno si los pensamientos que no están basados en la verdad no tuvieran efecto en ti. Sin embargo, no es el pensamiento el que tiene poder en ti; eres tú, permitiendo que el pensamiento plante raíces y crezca, lo que facilita el nacimiento de su semilla en tu vida.

Un día, tres pequeños niños estaban jugando en la sala de su casa. Estaba frío y ventoso afuera; por lo tanto, las actividades dentro de casa eran la forma elegida para el entretenimiento del día. Sus padres habían encendido un fuego crepitante en la chimenea, el cual creaba una atmósfera acogedora en contraste con el clima inclemente que era visible a través de la ventana helada.

Los chicos empezaron a jugar un juego en el cual tomaban turnos estando con los ojos vendados y un objeto elegido al azar era puesto en las manos del niño con la venda en los ojos. El objetivo del juego era que el niño con los ojos vendados adivinara qué era el objeto en 10 segundos, con solo su sentido del tacto como guía.

El primer objeto fue un pisapapeles que el primer niño no pudo adivinar correctamente. El segundo era una pieza de cartulina, que el segundo niño identificó correctamente en seis segundos. Luego, el tercer niño tomó su turno con los ojos vendados. Su hermano sacó un pedazo de hielo de un vaso cercano de refresco que estaba en la mesa. Como broma, antes de poner el hielo en la mano de su hermano, él dijo rápidamente: «Aquí tienes un trozo de madera ardiente de la chimenea», y luego soltó el pedazo de hielo en la palma extendida de su hermano.

La triste conclusión de esta historia es que, solo unos minutos más tarde, los padres de los niños tuvieron que llevar al niño—el último a quien le habían vendado los ojos—al hospital. Había recibido una quemadura de segundo grado en la palma de su mano, exactamente donde el hielo lo había tocado. El niño había creído las palabras de su hermano y trágicamente, su mente y cuerpo reaccionaron pensando que el objeto verdaderamente había sido un pedazo de madera ardiente.

El mismo tipo de fenómeno también es posible en un sentido positivo. Había otra familia que tenía dos niños: un hijo llamado Michael y una hija llamada Melissa. El hijo parecía ser excepcionalmente brillante para su edad, así que sus padres le hicieron verificar su coeficiente intelectual. Los resultados del examen demostraron que su hijo tenía un CI (coeficiente intelectual) lo suficientemente alto como para esperar que él llegara a ser otro Albert Einstein (o por lo menos cercano a eso).

Sin querer hacer sentir inferior a su hija, nunca usaban el nombre de Michael cuando se referían a su «criatura superdotada» en conversaciones con familiares o amigos. Ellos solo decían algo como: «Tenemos una criatura muy superdotada con un CI extremadamente alto». Su hija siempre asumió que era ella a quien se le había concedido esta increíble bendición y nunca dijo nada para llamarse la atención, porque no quería que su hermano se sintiera mal.

Los años pasaron. Un día, Melissa tomó un descanso para el almuerzo, dejando la corte donde ella era la jueza presidiendo un juicio de dos corporaciones comprometidas en una demanda. Al dejar la corte, pasó por la oficina donde ella había trabajado como fiscal para el distrito. Pensó en sus tres invenciones que estaban en proceso de recibir patentes y la novela que recientemente había terminado de escribir (la editorial había acordado darle un adelanto de $200.000, más la regalía de ventas). Ella pensó: **La vida es buena**. Condujo a la casa

El poder de un Programa Diario

de su madre para el almuerzo, con un sentimiento de satisfacción (el cual ella parecía haber sentido desde que tenía memoria) debido a sus muchos logros.

Mientras estaba comiendo una deliciosa porción de la comida casera de su madre, el teléfono sonó. Su madre se levantó de la mesa y contestó el teléfono con un «hola» alegre y agudo. Del otro lado de la línea estaba su hijo Michael, muy deprimido porque le habían negado un trabajo como empleado en un supermercado local, para el cual él debería haber empezado como empacador.

Michael ahora tenía 46 años de edad y Melissa 47. La madre de Michael, intentando alegrarlo, dijo estas palabras: «No te preocupes, querido. Ese trabajo simplemente no era lo suficientemente bueno para ti de todas maneras. Desde que eras pequeño y descubrimos que eras un niño dotado, siempre supe que no podrías trabajar en un empleo aburrido como ése. Necesitas encontrar trabajo que sea más desafiante y usar tu genio para algo que valga la pena.»

Después de que su madre colgó el teléfono, Melissa, con una mirada de incredulidad, le preguntó: «¿Escuché bien cuando estabas hablando por teléfono con Michael? ¿Le dijiste que era un niño dotado?»

«Sí», dijo su madre. «Le hicimos pruebas a Michael cuando era pequeño y descubrimos que tiene un CI increíblemente alto».

Melissa quedó aturdida y en silencio por esta novedad de última hora. Cuando finalmente pudo hablar, dijo: «Pero mamá, cada vez que yo te escuché referirte a tu "criatura dotada" mientras estaba creciendo, asumí que estabas hablando de mí».

Con eso, la madre respondió con una risita: «No, querida. ¡Tú eras una niña normal en todo sentido! De hecho, algunas veces parecía que tenías que esforzarte mucho más que los otros niños de tu edad para poder estar a su nivel en tus estudios».

Melissa se había visto como alguien que poseía talentos y había meditado en esos pensamientos día y noche por años, y había terminado cumpliendo esa profecía personal.

La verdad es que a todos le son dados dones y talentos, pero muy pocos jamás acumulan los pensamientos correctos que les permitirán concebir la realidad de su propia grandeza. La gente sería capaz de manifestar los resultados externos posibles si tan solo superan lo especial que verdaderamente son.

También existen, por supuesto, aquéllos que parecen sufrir muchos golpes en su contra pero siguen levantándose de una derrota tras otra, hasta que avanzan hacia un glorioso crescendo de logros asombrosos.

En el análisis final, lo más importante no es lo que te pasa en la vida; lo que determina el resultado es lo que tu diálogo interno te permitirá hacer con lo que te pasa. Puedes ser como la crema que siempre asciende hacia lo más alto si haces lo que es necesario para mantener tu corazón y mente llenos con la clase de pensamientos que pertenecen en lo más alto.

Rompe el muro de la resistencia
A medida que vaya presentándote en el resto del capítulo el patrón que puedes usar para tu programa de sustitución diaria de pensamientos, ten en mente que el cambio

El poder de un Programa Diario

progresivo en tu forma de pensar va a ocurrir en capas. De la misma manera que has ido edificando capa sobre capa para crear el sistema existente de pensamientos que estás usando actualmente, lo que ahora estás buscando implementar no es un programa de arreglo de una semana o de un mes, sino una proceso de asimilación y eliminación persistente.

Tal como mencioné anteriormente, tú empiezas a recibir impresiones y sentimientos aun cuando estás en el vientre; una vez que naces, el historial limpio de tu mente y corazón continúa llenándose con pensamientos positivos, verdaderos y nutritivos y con pensamientos negativos, falsos y tóxicos. Este conjunto de pensamientos tiene una influencia controladora en cada decisión que haces, y determina tu perspectiva general de la vida en su conjunto y en situaciones y relaciones específicas.

La mayoría de la gente no está consciente de sus pensamientos, por lo tanto, no es de extrañar que la gente puede ir por la vida sin siquiera llegar a estar alarmada acerca de la condición precaria de su vida de pensamientos. Sin estar consciente de la necesidad de la sustitución de pensamiento, ellos solo ruedan de un pensamiento a otro como un barco sin timón.

Mi amigo, este programa te ayudará a encender las luces en tu vida de pensamientos. Al principio, quizá sientas resistencia de parte de tus viejos patrones y hábitos de pensamiento. Te animo a que atravieses este sentimiento inicial de que estás yendo contra corriente; sigue con tu programa diario, incluso si se te hace difícil disciplinarte al principio. La falta de voluntad para dejar a un lado viejos patrones de pensamiento es una de las razones principales por la que la gente queda estancada en un lugar en cual viven de forma inconsciente en relación a su vida de pensamientos y viven su vida de manera automática.

Cada día que pasa alimentado de más dilación es un día más en el cual, de los 40.000 a 50.000 pensamientos asimilados en la mente de la persona promedio, solo un pequeño porcentaje de esos son pensamientos positivos y conscientes, y una mayoría de «pensamientos automáticos no calificados» se suman a su filosofía y realidad. Para la persona promedio, vivir de forma automática es como estar sintonizado a dos estaciones de radio al mismo tiempo. Su proceso de pensamiento está sintonizado de tal manera que escuchan el canal incorrecto mucho más fuerte que el canal correcto, con mucha estática mental y emocional.

Positivo automático versus negativo automático
No fuiste creado para que los pensamientos negativos sean automáticos. Este es un rasgo aprendido. Gravitas hacia lo negativo porque se te ha enseñado que el aspecto negativo es más probable que el aspecto positivo.

A medida que avances con el programa de sustitución de pensamientos, inmediatamente empezarás a reemplazar pensamientos viejos, automáticos y debilitantes con pensamientos nuevos y verdaderos basados en principios. Y eso es maravilloso, pero algo aún más maravilloso ocurrirá como resultado de este proceso. Durante un plazo de tiempo, a medida que trabajes consistentemente en este programa en tu vida diaria, notarás que el diálogo interno positivo llegará a ser tu forma de pensar predominantemente y automática; de hecho, comenzarás a repeler la mayoría del diálogo interno negativo antes de que tenga la oportunidad de afectarte.

Por lo tanto, en cuanto te lances a la sustitución de pensamientos, no dejes que la resistencia de tu diálogo interior negativo te desvíe del camino con el sentimiento de que estás siendo demasiado positivo. Otras personas pueden darte la impresión de que ellos creen que estás siendo demasiado magnánimo porque no te revuelcas en el negativismo, pero también notarán que tienes una energía cada vez más atractiva que te rodea.

La forma común de pensar no puede detenerte si sabes que toda su fundación es falsa y su resistencia es solo temporal.

Yo sigo este programa todos los días y estoy tan entusiasmado de compartir su simplicidad contigo. Al usar este programa, puedes abrirte todo un mundo de nuevas posibilidades para tu vida; puedes regocijarte con la experiencia de sentirte renovado cada día para seguir adelante con el propósito de ser quien naciste para ser.

El programa

En las últimas páginas de este capítulo hay un esquema general así como más ideas que puedes usar mientras estás desarrollando y personalizando tu propio programa diario de sustitución de pensamientos. El programa diario empieza antes de que salgas de la cama en la mañana y concluye cada noche cuando te estás desactivando para dormir.

El primer módulo del programa consiste en una serie de declaraciones matutinas de visión realista. Empiezas a usar estas declaraciones de visión realista tan pronto como tu alarma ha sonado o en el momento en que estás consciente de que ya no estás totalmente dormido. Tienes un momento así cada mañana; se ha comprobado (a través de investigaciones) que la transición entre el estado del sueño y el estado despierto es un tiempo muy vulnerable y ciertamente, uno de los momentos más impresionables de tu día. Las defensas y sistema de controles y balances a los que generalmente accedes para decidir si aceptarás o no cualquier pensamiento todavía no están trabajando a un nivel efectivo. Mientras estás en este estado, sabes que eres libre de tener que lidiar con las influencias externas esperadas. Tu estado mental es muy similar a la vulnerabilidad que una persona experimenta cuando está bajo la influencia de varios tipos de drogas que disminuyen su habilidad para tomar decisiones de forma adecuada. Por lo tanto, es vital que empieces la disciplina de este programa incluso antes de que abras los ojos en la mañana. Este periodo de tiempo transicional de cada mañana es el puente que debes cruzar para comenzar tu día.

Las declaraciones específicas de visión realista que elijas usar aquí deben ser aquellas que signifiquen algo poderoso para ti en este momento de tu vida. Es bueno incluir un buen número de declaraciones que planten pensamientos verdaderos y basados en principios que se relacionen a áreas de tu vida donde estés experimentando restricciones de cualquier tipo. ¿Recuerdas el ejercicio que te pedí que hicieras en el Capítulo 4 (donde examinaste las áreas de tu vida y escribiste **libertad** o **restricción** junto a cada una)? Sería bueno que vuelvas a repasar esa evaluación y deliberadamente abordes las áreas de restricción en tu vida con esas declaraciones matutinas. También es una excelente idea continuar colocando una buena cantidad de tu enfoque en esas áreas a través de todo el programa diario. Al hacer esto, puedes también estar seguro de que estás plantando los pensamientos correctos en las áreas de tu vida donde están presentes los más altos porcentajes de diálogo negativo interno.

Mientras estés acostado en tu cama en este estado mañanero de no estar ni completamente dormido ni totalmente despierto, di cualquiera de las declaraciones de verdad que te lleguen naturalmente. Estas son algunas de las declaraciones que yo uso: *Nací para un gran propósito. Pase lo que pase hoy, puedo manejarlo. Viviré este día en paz, fuerza y abundancia. Este día es un regalo, y no daré por hecho su valor. Cuando me sea posible, seré un apoyo y una bendición para la gente que entre en contacto conmigo. Me propongo en mi corazón ser el mejor esposo y el mejor padre que pueda ser. A medida que medito y trabajo conforme a las leyes correctas, prosperaré en lo que sea que haga.*

Siéntete libre de usar algunos de éstos, pero te animo a que te sientes con un bolígrafo y papel y que crees algunos propios. También puedes encontrar muchas declaraciones en libros. A veces estás leyendo un libro y una línea te salta a la vista. Adelante, agrega esa a tu lista para la mañana siguiente. De hecho, si llevas un bolígrafo y papel contigo a donde quiera que vayas, te sorprenderás con las joyas que podrás capturar durante el día. Pueden provenir de muchas fuentes: algo escrito, algo que escuchas a alguien decir o una canción que escuchas.

Puedes decirte estas declaraciones a ti mismo en silencio o en voz alta, dependiendo en qué se sienta más natural para ti y o si estás preocupado por despertar algo más. Yo he descubierto que, especialmente cuando paso por momentos de desafíos intensos en mi vida, decir estas declaraciones en voz alta tiene más efecto en mí; pero depende totalmente de ti decidir lo que funciona mejor para ti. Lo importante es que no te quedes allí recostado y dejando a tu mente deambulando, pensando en lo que necesitas hacer, qué problemas necesitas resolver o incluso qué cosas te hacen feliz durante ese día.

Todas estas cosas son temporales y pueden cambiar: Puedes levantarte emocionado por hacer un viaje ese día y los planes podrían cancelarse. Puedes llenarte de expectación acerca de comprar una nueva casa y la gente que la vende podría cambiar de idea y decidir conservarla. Puedes estar feliz acerca del apoyo que estás recibiendo de alguien y la persona podría estar teniendo un día difícil y olvidar la promesa de ayudarte a hacer algo en lo que necesitabas asistencia.

Mi intención no es trazar un panorama sombrío aquí, pero todos sabemos que lo único absoluto que tienes es la habilidad de controlar el verdadero tú. Por lo tanto, estas andanzas mentales matutinas que ocurren antes de que estés totalmente despierto son inútiles en el mejor y engañosos en el peor de los casos. En lo que quieres concentrarte es en lo que sabes que es verdad para así ponerte en el camino correcto para el día—incluso antes de que tus pies toquen el piso.

Todo este programa diario es nada más que un enfoque sistemático para elegir enfocar tus pensamientos en la verdad acerca del propósito que tú y tu vida deben tener. De ninguna manera estás tratando de entrar a un mundo de fantasía donde te separas de las circunstancias presentes de la vida. Donde estás ahora es donde estás; las cosas son como son. Si solo tienes $2,51 en tu cuenta bancaria, sería poco inteligente escribir un cheque por $251—a menos que estés seguro de que pudieras depositar por lo menos esa cantidad de dinero antes de que el cheque llegara al banco. Si sabes que no has estado persiguiendo tus sueños con el poder resistente del propósito, entonces las cosas han sido así y de nada sirve tratar de endulzarlo. Pero de este momento en adelante, tienes una oportunidad de empezar a plantar nuevos pensamientos que harán tu futuro mejor que tu pasado, sin importar qué tan buenas o malas hayan sido las diferentes facetas de tu pasado. Cada día nuevo es otra oportunidad para reajustar tu enfoque al seguir un programa diario para plantar nuevos pensamientos que mantendrán tu vida por buen camino.

Estar fuera de balance no es natural, aunque la gente que vive una vida centrada son la minoría. La clave es poder caminar por la vida cada día encontrando a gente que no está bien encaminada con su propósito y todavía mantener la visión de ti mismo totalmente enfocada en tu propósito. Aunque te desvíes un poco del camino, vuelves a reenfocarte porque sabes que vivir una vida centrada es más que solo una buena idea; fue diseñada para ser así para ti.

No importa qué tan lejos viajes hacia el sur, cuando gires hacia la dirección opuesta, estarás yendo hacia el norte. Y sin importar qué tan lejos hayas ido hacia los límites del diálogo interno negativo y el yo exterior, cuando des la vuelta, estás volviendo a la vida verdadera que es tuya para disfrutar. Todo se trata de regresar al camino correcto que tu vida debe tener y luego avanzar progresivamente para realizar y vivir la vida de sueño-propósito que es tu destino.

Continúa el primer componente
Bueno, volvamos al primer componente del programa

diario. Mientras sigas acostado en la cama en la mañana, en las etapas iniciales de pasar de tu estado de sueño al de despertar, ese es un momento importante para empezar a decirte a ti mismo declaraciones de verificación de realidad. Aquí hay algunas otras declaraciones de verificación de realidad que yo uso y que tú también puedes utilizar: *Nací para un gran propósito. Mi propósito es más grande que cualquier problema que enfrente hoy. Invertiré este día en el fondo de crecimiento de mi sueño. Vigilaré mi corazón, porque de él fluyen las cuestiones de la vida. Como piense hoy, así seré. Soy transformado por la renovación de mi mente. El porcentaje de diálogo interno negativo que he acumulado será reducido hoy y sustituido con pensamientos verdaderos, basados en principios. Es mi derecho y privilegio salir adelante y crear, dominar y recuperar todo el propósito que se me ha dado para vivir. Amaré y respetaré a otros este día, sin permitirles manipularme. Haré la paz hoy, en la medida de lo posible. Voy a vivir este día para mantener integridad con mi propósito. Seré genuino, generoso, amoroso, indulgente y comprensivo con mi familia y amigos. Aquellos que no estén contentos con el hecho de que persiga mi propósito con una pasión tienen la libertad de no estar de acuerdo, sin ningún esfuerzo de mi parte por tratar de convencerlos en contra de su voluntad. Soy amado hoy. Mi propósito está haciéndose más claro en todo momento. En la medida en que cambio mis pensamientos, cambio mi vida. Planto este día como una semilla en la tierra de mi sueño-propósito y dará muchos frutos en la medida en que continúe muriendo en mi diálogo interno viejo y negativo y reviviendo en los pensamientos reales para los que fui creado a meditar. Lo que sea que traiga este día, entiendo que no existen los accidentes; pero deliberadamente extraeré todo el crecimiento posible de cualquier circunstancia.*

El poder de un Programa Diario

A medida que hagas tus declaraciones de visión realista, puede parecer como si estuvieras divagando—y eso es exactamente lo que quieres hacer. Quieres fluir en los pensamientos que te traen fuerza y te centran en lo que es real y verdadero. Por lo tanto, no estés demasiado preocupado acerca de usar una gramática perfecta u oraciones completas. En esta práctica de intercambio de pensamientos, **¡*el pensamiento es lo que verdaderamente cuenta!*** Incluso si cometes un error y dices algo equivocado, siempre puedes regresar y corregirte a ti mismo replanteando ese pensamiento correctamente.

También debes saber que a medida que continúes con este programa, vas a crecer en claridad con respecto a los diferentes principios y verdades. Lo que quieres incluir en tus declaraciones de visión realista es lo mejor de lo que sabes en este momento del tiempo. Si recibes más conocimientos ese día, entonces puedes incluir tu conocimiento recién adquirido en tu próxima sesión de visión realista. Al pasar solo tres, cuatro o cinco minutos acostado en la cama, diciéndote estas verdades, es muy fácil plantar de 60 a 100 pensamientos de realidad nuevos, verdaderos y basados en principios.

Puesto que la luz es más poderosa que la oscuridad y la verdad más poderosa que el error, a medida que continúes repitiendo lo que es verdad para ti, se irá haciendo más y más fuerte. La verdad reemplaza el error de la misma forma que la luz reemplaza la oscuridad cuando enciendes el interruptor de la luz. Los pensamientos que estás asimilando obligarán a los viejos y erróneos pensamientos a salir y los reemplazarán con la verdad acerca de cada área de tu vida. Te sentirás más fortalecido espiritual, mental, emocional, financieramente y en las relaciones, así como en casi un número ilimitado de otras áreas y subáreas de tu vida.

Las subáreas son los componentes que forman las áreas mayores de tu vida cotidiana. Por ejemplo, si miras al área de ser un verdadero amigo, vas a encontrar que dentro de esta área general hay subáreas específicas. Alguna de estas áreas son: estar allí para otros cuando te necesiten; mantenerte en contacto incluso en momentos ocupados; perdonándolos cuando sientes que te han herido; pedir perdón cuando sabes que tú los has decepcionado; dándoles cuando sabes que deberías, incluso cuando no sientas ganas; saber cuándo decir que no; rechazar el permitir que el dinero se convierta en un bloqueo para tu amistad; siendo agradecido por su amor, consideración y ayuda; respetar su tiempo con sus cónyuges; dándoles consejos sabios cuando sientas que ayudará; retener consejo cuando sientas que no están listos para recibirlo; ser un apoyo para ellos en su programa de sustitución de pensamientos y apoyarlos de cualquier forma que puedas mientras persiguen su sueño-propósito.

Apenas he tocado la superficie de todas las posibles subáreas de ser un amigo, pero tú puedes descifrar cuáles principios son aplicables para ayudar en estas diferentes subáreas. Cuando repases la lista anterior, vas a encontrar que algunas de ellas están enriquecidas con principios específicos como «dar y recibir», «el perdón», «el agradecimiento», «apoyar como a ti te gustaría que te apoyen», «no juzgar a los demás» y la lista sigue y sigue. Por lo tanto, cuando plantes el pensamiento: *Seré fiel, generoso, amoroso, indulgente y comprensivo con mi familia y amigos hoy,* plantas un pensamiento que, al echar raíces y crecer, afectará positivamente todas las subáreas de la amistad en un momento. Estoy tan contento de que funcione de esta forma porque lidiar con todas las subáreas de la vida de forma separada sería imposible.

Plantando estos pensamientos de amistad también te sensibilizará para ver claramente a aquellos que solo están fingiendo ser tus amigos (tienen motivos ocultos) o aquellos que puedan tener ciertas cualidades disfrutables, pero que de alguna manera te están arrastrando hacia abajo.

El segundo componente

Ahora, avancemos al punto donde has hecho tus declaraciones matutinas de visión realista y estás ahora listo para salir de la cama. El siguiente segmento de tiempo en tu programa diario es pasar 20 minutos leyendo un libro o escuchando una grabación de enseñanza o música. Dependiendo de la cantidad de enfoque exclusivo que se necesite para el tema en particular que estés recibiendo, quizá también puedas absorber la misma calidad de pensamientos de recambio al escuchar grabaciones de enseñanza o música, mientras te duchas, te rasuras o te estás poniendo el maquillaje.

Esta dosis de 20 minutos de pensamientos de recambio, junto con este programa completo, debe hacerse además de todas las cosas que ya haces para mantenerte en buen estado espiritual y mentalmente. Si normalmente oras cuando te acabas de levantar, entonces, ora. No cambies nada de lo que ya estás haciendo. Si ya tienes un tiempo de lectura en la mañana, entonces sigue con tu tiempo de lectura como sueles hacerlo.

Todo lo que estoy sugiriendo debe hacerse además de lo que tú ya haces. Esto puede requerir levantarse

20 minutos más temprano cada mañana. Puede que preguntes: «¿Por qué debería agregar otra lectura o tiempo para escuchar grabaciones o música a mi mañana si ya leo cada mañana?» Es porque el propósito de esta dosis de 20 minutos de sustitución de pensamiento es apuntar específicamente a las áreas en las que estás frustrado, tienes temor, te sientes restringido o inseguro en tu vida.

Cuando eliges en qué enfocarte durante esta sesión matutina de 20 minutos, sería una buena idea regresar al ejercicio que ya completaste en el Capítulo 4. Ese ejercicio es una herramienta para identificar exactamente las áreas en las que necesitas enfocarte con más intensidad. A lo largo de todo este programa, un gran porcentaje de tu enfoque de sustitución de pensamiento debe ser dirigido a cualquier área junto a la cual escribiste la palabra **restricción**. La palabra **restricción** es un término general que engloba los sentimientos de temor, inseguridad, indignidad, depresión, estrés, escasez, falta de perdón, frustración y tristeza, junto con una variedad de otras emociones negativas.

Por lo tanto, cuando elijas el libro que vas a leer, la grabación o música que vas a escuchar, o cualquier otra herramienta de sustitución de pensamiento que consideres útil durante esta sesión matutina de 20 minutos, asegúrate de que estarás recibiendo pensamientos positivos y verdaderos que se dirigirán a las áreas de vida donde tengas la mayor necesidad. Por supuesto, tal como mencioné, las áreas en las cuáles tengas la mayor necesidad también serán áreas en las cuales tienes el más alto porcentaje de diálogo interno negativo.

Este segmento de 20 minutos puede involucrar leer un día, escuchar música otro día y hablar por teléfono con un amigo para obtener ánimo el siguiente día. Las otras lecturas y actividades similares que normalmente haces cada mañana son disciplinas que te animo que continúes, porque la disciplina es buena y tiene un efecto agregado en ti. Podrías hacer tu lectura regular con el propósito de continuar leyendo un libro hasta el final, y algunos días simplemente no parece ser interesante para ti, pero sigues leyéndolo de todas maneras. Este programa diario de sustitución de pensamiento tiene un propósito diferente al que tienen tus disciplinas regulares. Después de mantener esta disciplina por dos, tres o cuatro días seguidos, ¡SORPRESA!—¡obtienes el efecto total de esos dos, tres o cuatro días al mismo tiempo!

No hay nada mágico acerca del número de minutos—20 o cualquier otro número—que yo pueda sugerir. Este programa no necesita ser reglamentado con el número exacto de 20 minutos cada mañana. Una mañana, puedes invertir 15 minutos y otra mañana puedes invertir 45 minutos. Lo importante es que hagas *algo* cada día.

Este segmento de aproximadamente 20 minutos de tu mañana debe ser llenado con algo que puedas sentir trabajando en las áreas clave donde sabes que necesitas sustitución de pensamientos. Si estás pasando por problemas financieros, entonces internaliza algunos principios de prosperidad. Si estás lidiando con sentimientos de indignidad, entonces, trabaja en eso. Si estás teniendo problemas para perdonar a alguien por algo que te hizo, entonces llénate de pensamientos que refuerzan el principio del perdón. Si la necesidad está en tus relaciones, entonces encuentra buenas herramientas que te alimenten con las leyes para tener grandes relaciones.

Tienes que confiar en tus instintos en cuanto si elegirás leer, escuchar una grabación educativa o un CD de música, recibir ánimo por teléfono, o hacer otra actividad que plantará nuevos pensamientos de verdad en tu mente. La manera que sabes qué enfoque adoptar en una mañana determinada para este segmento de 20 minutos es probarlos todos hasta que uno se quede. Yo pongo una cinta, la escucho y sé en 30 segundos si está dando en el blanco de lo que necesito esa mañana en particular. El mismo enfoque puede aplicarse a un libro, música y así consecutivamente.

Vuelvo a reiterar, todavía retienes tus tiempos de disciplina en vigor, en los cuales puedes leer o hacer lo que sea, aunque sientas que estás obteniendo algo o no. Pero estos 20 minutos se usan para recibir pensamientos que sabes que están dando en el blanco donde más los necesitas.

Supongo que tu experiencia con grabaciones, música, libros y otras herramientas es similar a la mía con respecto a la inconsistencia que he notado. Un día, leo un párrafo en un libro y cualquier pensamiento que está en ese párrafo me toca tanto que quedo energizado, centrado y fortalecido en esa área donde más lo necesito. Al día siguiente, puedo leer el mismo párrafo y hace muy poco por mí; pero una enseñanza o grabación verbal me afecta donde lo necesito. El día siguiente, los libros y las grabaciones no dan en el blanco, pero la música sí y el siguiente día, llamar a un amigo para tener una conversación edificante es lo que suplirá mi necesidad.

Al principio, puede costarte un poco acostumbrarte a la flexibilidad que debes ejercitar en esta área. Pero después de que hayas trabajado con este programa por

El poder de un Programa Diario

un tiempo, en la mayoría de los casos saltarás de la cama y sabrás exactamente cuál grabación escuchar, cuál fuente es la correcta para esa mañana. A veces, sabrás la noche anterior y ya tendrás el libro abierto o el CD en el reproductor esperando que te despiertes.

El tercer componente

Hasta ahora, he hablado acerca de las declaraciones de visión realista de la mañana y la sesión de 20 minutos de sustitución de pensamiento. El siguiente componente del programa es tomar dosis de 10 minutos de lo que llamo ***información de liberación prolongada, inspiración e influencia*** a través del día. Has oído acerca de la medicina de liberación prolongada para la gripe o vitamina C de liberación prolongada. Bueno, aquí estás tomando dosis de 10 minutos de liberación prolongada para renovar pensamientos. Vuelvo a reiterar, 10 minutos es solo una guía; estas dosis pudieran ser de 2 o 15 minutos.

La información e inspiración por lo general vendrá de fuentes como libros, grabaciones y música. La influencia probablemente vendrá de las personas. La influencia de un amigo, mentor o alguien más que también esté trabajando en sí mismo y persiguiendo su sueño-propósito es la clase de influencia que tú estás buscando. Hasta una simple llamada de dos o tres minutos puede bastar. Algunos días puede que solo necesites dosis de 10 minutos; ¡otros días puedes necesitar doce dosis de 10 minutos!

¿Cómo sabes cuándo necesitas otra dosis de 10 minutos? Bueno, como con la mayoría de los enfoques basados en el principio, esta es una cosa muy simple de determinar. El efecto y enfoque para estas dosis de 10 minutos se parecen bastante en líneas generales a lo que quieres lograr en tus sesiones de 20 minutos, excepto que estas dosis de 10 minutos se toman en respuesta a una necesidad inesperada de sentirte centrado. Sabes que necesitas otra dosis de 10 minutos cuando estás moviéndote a través de tu día y notas que has empezado a sentir miedo, inseguridad, indignidad, estrés, necesidad, ira o cualquier otra emoción negativa. Estos sentimientos pueden ocurrir como reacción a un estímulo obvio y específico—o puede que no tengas ni idea por qué te sientes de esa manera. Poder determinar o no con precisión la causa no es lo más importante. Lo más esencial es que no permitas que tu mente y emociones continúen yendo por el camino incorrecto.

Una vez más, recuerda que tu cuerpo, mente, voluntad y emociones son solo herramientas que se te han dado. Éstas son todas partes del yo exterior. El verdadero tú nunca fue diseñado para convertirse en esclavo de tu cuerpo, mente, voluntad exterior, o la fluctuación de sentimientos negativos descontrolados en tus emociones. Estas herramientas del yo exterior no son malas en sí—como una sierra eléctrica no es mala. Pero si una sierra eléctrica no se controla con buena intención, puede causar heridas graves en un estado fuera de control. Esto aplica en un paralelo directo con las varias dimensiones y características del yo exterior. Estas son todas herramientas que te han sido dadas para que las uses, y tú no tienes que ser controlado o usado por ellas.

Por lo tanto, cuando llegues a un punto de miedo acerca de algo o alguien, ¿por qué deberías vivir con ese temor por horas o incluso días? ¿Por qué no tomar una dosis de 10 minutos de algunos pensamientos renovadores que te sacarán de ese punto de temor y te regresarán a una fundación de fe?

La única manera que el miedo puede aparecer es que te desvíes hacia el diálogo interno negativo. Si puedes continuar sabiendo que sabes que estás en propósito, entonces, también sabrás que lo que la gente piensa acerca de ti o la forma en que las circunstancias parecen ser en el momento son solo temporales; pero tu sueño-propósito es permanente.

En ocasiones, la gente viene a mi después de un seminario o después de escuchar mi serie de seis CDs titulada «Posee tu sueño», y me dicen: «Larry, tú recomiendas que tomemos 10 minutos de información, inspiración o influencia cada vez que sintamos miedo, inseguridad o cualquier emoción negativa; tengo un problema con eso. Como verás, tengo un trabajo con un jefe que desaprobaría si me ve sentado leyendo o enfocándome en pensamientos positivos cuando debería estar trabajando. ¿Cómo puedo hacer lo que estás sugiriendo sin meterme en problemas con mi empleador?»

Creo que deberías mantener integridad en cada área de tu vida, lo cual incluye no aprovecharte de tu empleador. Si has acordado en dar cierta cantidad de servicio cada día, con solo unos descansos programados para tiempo libre, entonces no violes la promesa que le has hecho a tu jefe. Sin embargo, de la misma manera que puede haber un lugar designado para tomar tus descansos, también hay un cuarto en la mayoría de los lugares de empleo llamado el «tocador o baño» (restroom). Por supuesto, tu jefe no lo considera un lugar para que tú vayas y renueves tu mente, pero quien sea que le haya puesto el nombre (restroom), debe haber estado pensando en algún tipo de descanso cuando se lo pusieron.

Estoy siendo un poco irónico aquí, y de ninguna manera

estoy sugiriendo que vayas al baño a tomar una siesta de 15 minutos, pero no creo que haya muchos empleadores que tendrían un problema si uno de sus empleados desapareciera para ir al baño dos o tres veces al día por unos tres o cinco minutos cada vez. Solo guarda un libro pequeño o un artículo de revista motivador en tu bolsillo o bolso, ve al baño y toma una dosis de tres a cinco minutos de algunos buenos pensamientos. Puede que incluso tengas suerte y puedas cuidar tu vida de pensamientos y usar ese cuarto para su otro propósito al mismo tiempo.

Si haces el tipo de trabajo que te permite escuchar grabaciones mientras estás conduciendo a una cita o haciendo algún tipo de actividad física, entonces estás en una muy buena posición para estas dosis de 10 minutos. Hoy en día, ni siquiera espero hasta sentir algo negativo. En cualquier momento que tengo un tiempo libre en mi agenda diaria, siempre me pongo a escuchar una grabación. No pasa un solo día sin que yo no escuche por lo menos una grabación y lea algo motivador.

Al trabajar con este programa por años, he desarrollado un hambre insaciable por la verdad basada en principios. Para mí, esta ansiedad es muy similar al antojo por un alimento delicioso. He desarrollado un gusto y deseo de recibir el rico sustento de las leyes basadas en principios y la verdad que causa que estas leyes funcionen. A medida que trabajes con este programa, puede que también desarrolles esta hambre incrementada de forma continua. La necesidad de este sustento ha estado dentro de ti desde el principio, pero al trabajar en tu sustitución de pensamientos cada vez más, tendrás más hambre y sed de la clase correcta de «alimento para los ojos y oídos» en la forma de pensamientos e ideas enriquecedores.

El cuarto componente

Junto con tus declaraciones de visión realista matutinas, tu dosis matutina de 20 minutos, y tus dosis de 10 minutos de liberación prolongada, hay un componente más para tu programa diario. Se lleva a cabo cuando estás acostado en tu cama, preparándote para dormir. Basado en la manera que este programa fluye, cuando llego a un punto de un seminario en vivo donde estoy a punto de compartir este cuarto componente, la mayoría de la gente generalmente puede adivinar lo que hay que hacer aquí antes de que siquiera lo mencione. Sí, así es: Tomas más de esas declaraciones de visión realista con las que empezaste tu día mientras te estabas levantando esa mañana. Las últimas cosas con las que llenas tu mente mientras quedas dormido son pensamientos de libertad, pensamientos con poder de propósito y pensamientos fortalecedores.

Se pone mejor todo el tiempo

¡Guau! He estado trabajando con este programa por años, pero me emociono más acerca de su potencial para cambiar vidas cada vez que tengo la oportunidad de contarle a alguien acerca de él. La razón principal por la que me inspiro tanto cuando lo explico es porque sé qué tan bien funciona. Lo que creas para ti mismo al trabajar este programa fielmente es un día irrefutable de sustitución de pensamiento. Antes de que estés completamente despierto en la mañana, luego durante todo el día y nuevamente al final de tu día cuando te estás preparando para dormir por la noche, has estado continuamente elevando tu nivel de diálogo interno positivo y disminuyendo tu porcentaje de diálogo negativo. También te has encargado y te has desecho de temores, inseguridades, ira y otros pensamientos tóxicos antes de que hayan tenido oportunidad de echar raíces y crecer.

La magia está en la otra milla

¿Este programa cambiará completamente tu vida en un día? No, probablemente no lo hará. ¿Quedarás totalmente transformado (de una vez por todas) en una semana o en un mes? No. Nunca llegas al punto donde has triunfado, donde dejarás de beneficiarte de este tipo de crecimiento. Pero si personalizas este programa para que funcione con tu estilo de vida particular y te mantienes fiel a él todo el día, te sorprenderás con la diferencia que un día o una semana puede hacer.

No te estoy diciendo que siempre va a ser fácil. Hay muchas mañanas en las que me despierto por la llamada de la recepción del hotel en el que me estoy hospedando durante un viaje para hablar en una conferencia. Levanto el teléfono y escucho esas palabras familiares al otro lado de la línea: «Buenos días. Esta es su llamada de despertador». Después de que busco (con los ojos todavía cerrados) y finalmente encuentro el lugar para volver a colgar el teléfono, muchas veces lo último que tengo ganas de hacer es decirme las declaraciones de visión realista. En muchas ocasiones, mi cuerpo solo desea darse la vuelta y volver a dormir. Puede que haya estado viajando la noche anterior y tuve vuelos atrasados que me causaron llegar al hotel a la una o dos de esa misma mañana. Mi mente natural puede estar confusa y no cooperativa, pero sé por experiencias pasadas que si lucho contra los primeros dos, tres o algunas veces cuatro minutos de resistencia de mi yo exterior, luego empiezo a sentir a mi subconsciente ponerse en marcha. Aunque no es necesariamente fácil impulsarme hasta ese punto, una vez que logro llegar allí, sí vale la pena.

Tienes que estar seguro de que tu subconsciente esté despierto o encendido todo el tiempo. (Tu subconsciente es el verdadero tú y le encanta alimentarse con los pensamientos de correctos.) A medida que trabajes con este programa todos los días, tu subconsciente se fortalecerá y el diálogo negativo interno se irá debilitando.

¿Vas a tener ganas de trabajar en tu programa de sustitución de pensamientos todos los días? Probablemente no. ¿Será más fácil mantenerlo una vez que empieces a cosechar los beneficios? Si, definitivamente lo será. ¿Valdrá la pena si no renuncias, y estarás feliz de haberlo seguido hasta que se convirtió en un hábito inquebrantable en tu vida? **¡*Absolutamente!***

Programa diario de sustitución de pensamientos
Descripción de referencia rápida

Módulo Uno

Las declaraciones matutinas de visión realista
Mientras que aún estás acostado en tu cama y pasando del estado de sueño al estado despierto, di las declaraciones y frases a ti mismo para plantar pensamientos verdaderos basados en principios. Continúa haciendo esto hasta que estés totalmente despierto; se recomienda un mínimo de cuatro a cinco minutos. Puedes volver a consultar los dos puntos en este capítulo donde te doy algunas ideas del tipo de pensamientos que puedes plantar en esta sesión matutina.

Módulo Dos

Sesión matutina de 20 minutos enfocada para la sustitución de pensamiento
La palabra clave aquí es enfocada. Tal como mencioné anteriormente en este capítulo, ninguna parte de este programa debe reemplazar cualquier otra lectura u otras

disciplinas que ya has establecido para ti. Este programa debe ser una adición a todo tu otro desarrollo espiritual y personal.

Esta sesión de 20 minutos debe llenarse con una actividad. Recibe pensamientos de una fuente que te fortalecerá en las áreas exactas donde te sientes débil, temeroso, frustrado o restringido. Un día, una grabación de enseñanza funcionará para esta sesión; el siguiente día, puede que la misma grabación no satisfaga la necesidad. Leer una página o dos de un libro que esté enfocado en el área donde necesitas renovar tus pensamientos puede funcionar otro día. Escuchar música o hacer una llamada telefónica a un amigo, mentor o alguien que también esté trabajando en renovar sus pensamientos y persiguiendo su sueño-propósito es igualmente otra posibilidad.

Puedes completar esta sesión de 20 minutos mientras te estés preparando en la mañana—siempre y cuando la actividad en la que estés involucrado no requiera total concentración. Escuchar una enseñanza o una grabación de música puede trabajar efectivamente para la sustitución de pensamiento mientras te estás duchando, rasurando o poniéndote el maquillaje.

Lo importante es que durante este periodo de 20 minutos, estés asimilando pensamientos que estén dando en el blanco en las áreas de tu vida de pensamientos donde necesites más renovación. Me refiero a las áreas en las que estás teniendo los niveles más altos de diálogo interno negativo en el presente y los más grandes desafíos.

Sea cual sea la fuente para recibir pensamientos de renovación—ya sea un libro, grabación u otro medio— querrás asegurarte que puedes sentirlo funcionando.

No tengas miedo de seguir experimentando hasta que algo empiece a funcionar. Si un libro no está haciendo el trabajo para ti una mañana en particular; entonces, cambia a una grabación. Si la grabación no funciona, haz una llamada a un amigo o mentor. Si eso no acierta en el blanco, prueba con algo de música.

Cuando empieces este programa por primera vez, puede ser más que un desafío encontrar la fuente correcta cada día. Pero después de ser fiel al programa por un tiempo, estará en tu naturaleza saber exactamente lo que necesitas, casi instantáneamente, cada mañana—algunas veces hasta sabrás la noche anterior de qué consistirá esta sesión de 20 minutos.

Módulo tres

Dosis de liberación prolongada de información, inspiración e influencia de diez minutos
Diez minutos es solo una guía. Estas sesiones pueden ser de 2 o de 15 minutos, dependiendo de lo que se adapte a tu horario. Un día, puede que necesites dos de estas dosis y otro día, quizá necesites diez dosis.

La información e inspiración muy probablemente volverá a provenir de cosas como libros, CDs y algo similar. La parte de la influencia vendrá de la gente. Por supuesto, también puedes recibir información e inspiración mientras estás operando en el área de influencia.

La forma en la que recibes tus pensamientos de renovación en esta sesión es muy similar a la de tu módulo matutino de 20 minutos, excepto que éste es en dosis más pequeñas. ¿Cómo sabes cuándo necesitas otra dosis? Lo sabes cuando empiezas a experimentar temor, inseguridad, duda, altos niveles de estrés y cualquier otra emoción negativa.

Si puedes apartar un poco de tiempo, de 2 a 5 minutos o hasta 10 a 15 minutos de esta actividad harán maravillas para detener al temor u otras emociones negativas antes de que tengan la oportunidad de crecer—y te permitirán reemplazarlos con diálogos internos positivos. Puedes repasar las partes anteriores de este capítulo para ver más consejos sobre cómo utilizar estas sesiones de 10 minutos de la mejor forma.

Módulo Cuatro

Las declaraciones de visión realista para la hora de dormir

Sí, así es. Terminas tu día de la misma manera que lo empezaste. El proceso de quedarse dormido es más fácil para algunos que para otros. Lo que generalmente sucede en ese momento de tu día es que tu mente comienza a deambular y empiezas a pensar sobre las cosas que pasaron ese día o las cosas que necesitarás hacer mañana. Los pensamientos más poderosos generalmente se dividen en dos categorías diferentes: (1) los gozos extremos de tu vida, y (2) los tremendos desafíos o preocupaciones que estás enfrentando.

¿Cuántas veces has quedado despierto sin poder dormir porque estabas tan entusiasmado por algo hermoso que recién sucedió o está por suceder? Podrías estar saliendo de vacaciones el próximo día—un viaje que te llevará a un lugar increíble para pasar días de diversión y placer anticipados. Este pensamiento te pone en un estado de euforia y el hecho de que no puedas quedarte dormido puede que ni siquiera te moleste.

Después están esos momentos en los que las presiones de la vida retuercen tu mente en nudos, y las repasas una y otra vez en tu cerebro mientras trabajas afanosamente en un problema sin solución en tu vida. Podría ser algo que tenga que ver con un problema de una relación, un desafío, una preocupación acerca de tu trabajo, o un dilema financiero al que no le ves una solución inmediata. Pudieras estar sintiéndote culpable por algo que hiciste ese día o asaltado por algo que le dijiste a alguien; te gustaría poder retractar las palabras que le dijiste a la persona. Posiblemente estás preocupado de que tus palabras hayan sido malinterpretadas.

Tal vez repases una y otra vez las palabras que alguien más te dijo y que te hirieron profundamente; o quizá estás pensando acerca de algo que alguien dijo que causó confusión en tu mente y no estás exactamente seguro de lo que significó.

Puede que estés contemplando una gran compra, como una casa o un auto; todos los pros y los contras, además de un montón de otros detalles, siguen dando vueltas en tu cabeza como ropa en una lavadora.

La lista de cosas en las que piensas cuando te vas a dormir es interminable. Si eres una de esas personas que se duermen fácilmente o de las que tienen problemas para apagar su mente para dormir, el resultado todavía es el mismo: Te duermes con cualquiera haya sido tu último pensamiento antes de dormirte.

Algunas mañanas despiertas con un sentimiento inexplicable de preocupación o inquietud, y otras mañanas sientes paz y confianza sin realmente poder determinar con precisión por qué una mañana se siente tan diferente a la última. Un factor contribuyente para lo que determina cómo te sientes cuando despiertas es tu último pensamiento cuando te quedas dormido la noche anterior. Si tienes problemas para quedarte dormido, la calidad y el tema de tus pensamientos podría estar determinando cuánto sueño estás obteniendo—y sabes que la falta de sueño puede impactar tu actitud y nivel de energía la mañana siguiente, sin mencionar tu perspectiva general de la vida.

Algunas personas pueden utilizar el sueño como un escape y no suelen mantenerse despiertos por las preocupaciones, porque este estado de inconciencia se convierte en su droga preferida; sin embargo, cuando despiertan el día siguiente, todas esas preocupaciones los atacan tan pronto como sus los pies tocan el piso, o incluso antes.

¿Deberías dejar tus pensamientos al azar al irte a dormir? ¡La respuesta obvia es no! Por lo tanto, cuando te dispongas a dormir, empieza a decirte la misma clase de pensamientos edificantes, nutritivos, auténticos y basados en principios con los que despertaste esa mañana. La última cosa en tu mente cada noche es una serie de pensamientos de recambio creativos, reconfortantes, regenerativos y maravillosos. Si tienes problemas para dormir en la noche, las declaraciones de visión realista hechas a la hora de dormir muy posiblemente puedan ayudarte con eso también.

Bueno, ahí lo tienes. Ahora depende de ti personalizar este programa para que se adapte a tu estilo de vida y hacerlo algo a lo que serás fiel, sea como sea. Tal vez implique levantarse 20 minutos más temprano cada mañana. Pero cueste lo que cueste para hacer que esto funcione en tu vida, tú lo vales. Las declaraciones de visión realista matutinas y nocturnas por sí mismas son adiciones que cambian la vida para el día de una persona. He recibido muchas cartas, llamadas telefónicas y correos electrónicos a través de mi página de internet que han confirmado que este programa funcionará de maravilla para cualquiera que lo siga fielmente.

Reevalúa tus otros hábitos formadores de pensamientos

Hay muchas otras cosas que necesitas considerar en tu rutina diaria que pueden afectar en gran medida tu vida de pensamientos. Por ejemplo, he conocido personas que solo pueden quedarse dormidos si la televisión está encendida. Recuerdo haberme quedado en la casa de una pareja casada para poder pasar tiempo con ellos mientras estaba haciendo algunos negocios en la ciudad donde vivían. Estaba durmiendo en su cuarto de huéspedes—o más bien, debería decir que estaba intentando dormir en su cuarto de huéspedes. Toda la noche, el televisor estaba sonando a todo volumen y podía escucharlo claramente a través de la pared de su cuarto desde la habitación donde me estaba hospedando.

Soñoliento por mi falta de descanso la noche anterior, vine a la mesa para desayunar la mañana siguiente y no pude resistir preguntarles: «¿Por qué se pasaron toda la noche mirando televisión?».

Ellos respondieron: «Oh, no estábamos viendo televisión. Solo nos acostumbramos a tenerla encendida, y ahora la dejamos encendida porque no podemos dormir si no oímos el sonido de la TV—¡es solo una de esas cosas!».

Después de irme de su casa, comencé a pensar acerca

La magia está en la otra milla

de eso y recordé lo que había aprendido acerca de la mente subconsciente. Aunque una persona esté dormida, su subconsciente sigue estando receptiva; registra los sonidos y actividades que están al alcance de sus oídos. Así que cada noche, ese esposo y esposa en particular estaban recibiendo miles de pensamientos aleatorios de cualquier cosa que estuviera en la TV durante sus horas de descanso—¡lo cual es bastante aterrador cuando te pones a pensar en ello!

Otra práctica que es común, pero no necesariamente saludable, para la vida de tus pensamientos es usar un radio despertador con alarma. De hecho, hasta la palabra **alarma** es un poco extraña. ¿Es esa realmente la forma en la que deberías despertar cada mañana: alarmado y listo para desenchufar el reloj y lanzarlo contra la pared? Para la salud y bienestar de tu vida de pensamientos, te recomiendo que si tienes un dispositivo de radio despertador, lo coloques en un canal de radio que sea fortalecedor y edificante. Aun así, ¡estás corriendo el riesgo de despertarte con un comercial o un DJ con la actitud incorrecta! Lo que es aún mejor es comprar un dispositivo despertador que tenga un sonido verdaderamente bonito para que te despierte gradualmente de tu sueño. Si necesitas algo más para despertarte, ¡compra dos y pueden tocarte un dueto cada mañana! Por supuesto, una de las formas más bonitas para despertar es con un reloj despertador con un sonido grabado; puede traerte de la tierra del sueño a la tierra de la conciencia con una música ambiental hermosa de tu elección, que también puede servir como acompañamiento para tus declaraciones de visión realista.

¿Por qué sigo insistiendo acerca de este tipo de cosa?

A veces, gran parte de tu agitación, incomodidad, frustración y estrés en la vida es prevenible con solo unos pequeños ajustes menores; y en otros momentos, algunos ajustes más grandes son necesarios. Pero el mejoramiento de tu calidad de vida ciertamente merece los cambios que son menores en comparación. Las opciones diferentes para despertar o dormirte son elecciones muy simples de llevar a cabo. Desgraciadamente, muchas personas simplemente no se detienen para considerar la atmósfera que están creando y el poder de su influencia en ellos para bien o para mal. Recuerda este principio: «*Sobre toda cosa guardada, guarda tu corazón; porque de él mana la vida*». (Proverbios 4:23 RVR)

Cuando se trata de cosas del corazón, puedes incluso percibir los sentimientos de gozo o perturbaciones desde lejos. Esta receptividad del corazón no es algo espeluznante; es simplemente un hecho asombroso de la forma cómo fuiste creado. Puede que hayas oído de alguien (o quizá tú mismo hayas tenido la experiencia) despertando de un sueño profundo y teniendo un sentimiento de que alguien que esa persona conoce está en problemas. Esto solía pasarnos a mi madre y a mí todo el tiempo. Llegaba a casa una de esas noches tarde durante mis años mozos de rebeldía y a la siguiente mañana, en el desayuno, mi mamá decía: «Larry, ¿qué te pasó anoche como a las 11:00 p.m.?». Cuando recordaba ese periodo de tiempo, le relataba a mi madre algunas de las cosas (pero no todas), dependiendo de la naturaleza de cada actividad. Pero, basta con decir que mi madre acertaba casi todo el tiempo: Había estado a punto de sufrir un accidente de auto, involucrarme en una pelea a golpes con alguien, en la presencia de compañía peligrosa o en una posición precaria (incluso potencialmente de amenaza a mi vida). Mi madre decía: «Larry, ¡sentí que algo estaba mal!» ¡Guau! ¡Eso siempre me impresionaba!

No obstante, esta no es una cosa inusual o única que le fue reservada solo a mi madre. La gente experimenta este tipo de cosas cada día.

La sustitución de pensamiento te ayudará a seguir estando a la vanguardia de tu potencial más alto. Las posibilidades increíbles que esperan al verdadero tú te vendrán como una serie de oportunidades para romper muros que empiezan con pensamientos cambiados, luego una filosofía de cambio y una realidad cambiada, lo cual siempre resultara en una experiencia de vida cambiada.

El tratar de arreglar las cosas desde el exterior es, en el mejor de los casos, algo temporal y fútil. Pero a medida que practiques el tipo de intercambio de pensamiento apropiado, vas a ver tu propósito mucho más claramente. Más fuerza, paz, persistencia, fe y todos los demás regalos que siempre han estado disponibles en tu interior van a fluir en tu vida.

Te elevas o caes al nivel de tus pensamientos y palabras. A medida que eres fiel a tu programa de sustitución de pensamientos diario, muchas de las cosas maravillosas que no podrías forzar sin cambiar tus pensamientos se realizarán naturalmente. En lugar de sentirte como si estás tratando de impulsar tu sueño-propósito hacia ti, sabrás la realidad de lo que es tener tu sueño-propósito impulsándote hacia adelante para ser lo que estuviste destinado a ser desde el vientre de tu madre.

Sí, hay un gran plan para tu vida. Ese sentir que está

dentro de ti, esa percepción que no te dejará conformarte con vivir en un nivel más bajo, es la voz de tu propósito llamándote. Si deseas una vida mejor, debes recibir mejores pensamientos. La calidad de tus pensamientos determinará la calidad de tu vida.

La magia está en la otra milla

Capítulo 7

Aprendiendo a volar

«Creo firmemente que la mejor hora de cualquier hombre, su mayor realización de todo lo que valora, es ese momento cuando ha puesto su corazón en una buena causa y yace exhausto en el campo de batalla—victorioso».
—Vince Lombardi

«Ganas fortaleza, valor y confianza con cada experiencia en la que verdaderamente te detienes a mirar el miedo frente a frente. ... Debes hacer lo que crees que no puedes hacer».
—Eleanor Roosevelt

La magia está en la otra milla

Aprendiendo a volar

Bien, aquí estamos en el capítulo final de este libro. Si leíste mi último libro o alguna vez me has escuchado en una charla en vivo o por medio de las grabaciones, entonces ya sabes que amo a las águilas. Son criaturas increíbles y nos dicen tanto en una verdad paralela acerca de lo que fuimos creados para ser. Ellas tienen visión telescópica; pueden enfocarse en el panorama general y también acercarse desde una gran altura sobre la tierra para ver un pez nadando debajo de la superficie del agua. Cuando una tormenta empieza a gestarse, las águilas ahuecan sus alas de una forma especial para atrapar los vientos de la orilla de la tormenta que se aproxima; ellas luego pueden capear la furia de esa turbulencia hasta que las lleva más alto, donde está brillando el sol.

Hay tantas hermosas revelaciones que pueden ser tomadas de la vida de un águila que inevitablemente se convertirían en un libro por sí mismas si apenas comenzamos a tocar la superficie. Voy a tomar más inspiración de esta criatura majestuosa con una historia de un águila al final de este capítulo; pero antes de llegar allí, demos un vistazo a lo que puedes esperar superar y lograr a medida que apliques en tu vida las palabras que has absorbido en las páginas anteriores.

Te estás embarcando en una viaje de inmensas proporciones. A medida que cambias tus pensamientos y persigues tu sueño-propósito como nunca antes, estarás sorprendido de las alturas a las que podrás remontarte. Eres un ser eterno con posibilidades ilimitadas. Esto es tu herencia y tu derecho de nacimiento. El hecho de que tuviste el propósito de elegir este libro y de que has asimilado los principios y estrategias que están delante de ti, es prueba de que este es tu momento. El momento ha llegado de encender el cohete del verdadero tú, propulsado por pensamientos renovados, y despegar al próximo nivel superior de tu propósito.

Eres bendecido por ver lo que ves ahora mismo. Me siento honrado cada día por el hecho de que este mensaje me fue revelado. A medida que ves la vida más y más claramente por lo que verdaderamente es y cómo fue planeada para funcionar, te hace más agradecido que nunca por estar aquí. Empiezas a darte cuenta que se te ha dado este hermoso regalo llamado «vida» y, como un paquete completo, también has sido envestido con el regalo maravilloso llamado «tu propósito para vivir».

El estar agradecido por la vida te ayuda a no dar por hecho un día en el cual se te han dado estos preciosos regalos de vida, propósito, gente y tu sueño. Asegúrate de no pasar por alto la misma libertad y el sueño-propósito que son tus razones para aparecer en la tierra para empezar.

¡Ya es tuyo—no te lo pierdas!
Había una vez una mujer de 32 años con pocos recursos

materiales. Comenzó trabajando como empleada doméstica y cocinera para una viuda adinerada. Con el tiempo, su empleadora multimillonaria empezó a confiar más y más en ella: Se le dio un control absoluto sobre cada faceta de los asuntos de la casa y se convirtió en la confidente más íntima de su empleadora.

Pasaron diez años. La empleada doméstica ahora tenía 42 años y su amigable empleadora tenía 81. Con la amistad y el apoyo que ambas compartían, se hicieron tan cercanas como cualquier par de hermanas. El lazo familiar que ellas compartían las ayudó a ambas a evitar los sentimientos de soledad—aunque ambas eran solteras, sin ningún prospecto de matrimonio.

Desde la edad de 79, la dama adinerada había gastado cientos de miles de dólares en doctores y estancias en el hospital, esforzándose para encontrar una cura para una enfermedad crónica que estaba sufriendo. Pero con cada nuevo tratamiento, el alivio que ella lograba era solo temporal.

Finalmente, supo que los días que le quedaban eran muy pocos y ella empezó a poner sus asuntos en orden: Tuvo cuidado de pedir perdón a todos aquéllos a los que sintió que ofendió en la vida. Dio generosamente a todos aquéllos que habían sido una bendición para ella en los negocios y en su vida personal. Compró un auto para una persona, estableció un fondo para la universidad de un joven y realizó similares actos benevolentes de gratitud para varios otros. La mujer no tenía familia que digamos y las líneas de sangre que sí existían se habían desconectado de ella desde hace muchos años.

Una noche, ella y su ama de llaves eran las únicas en

La magia está en la otra milla

la casa, y llamó a su cuidadora de tanto tiempo a su cabecera. Habló en un tono muy bajo, casi inaudible, a su amiga de confianza. Con toda la fuerza que pudo reunir, dijo estas palabras: «Me has servido todos estos años y yo estoy agradecida—no solo por tu labor, sino más aún por tu lealtad y amor incondicional que siempre ha sido una gran fuente de confort y fuerza para mí. Has sido mi amiga más leal y confiable. Por lo tanto, te estoy dando este símbolo de mi aprecio». Con eso, estiró su mano hacia la orilla de la mesa junto a su cama y tomó un papel de pergamino hermosamente grabado. Era obvio que un experto en caligrafía lo había escrito a mano. El ama de llaves instantáneamente lo reconoció como la misma escritura elegante de muchos certificados de agradecimiento que su empleadora había entregado en un evento de gala en su hermosa mansión. Esta celebración se había llevado a cabo para marcar el fin de su propiedad sobre la compañía que su exesposo había dejado a su cargo. En esta fiesta de despedida, la anciana CEO había entregado declaraciones firmadas de su gratitud, hermosamente enmarcadas y personalizadas, a toda la gente clave que había sido la columna vertebral de su empresa.

El corazón del ama de llaves fue tocado por este gesto de agradecimiento y contuvo una lágrima al observar el pedazo de pergamino. En ese momento, su amiga postrada en cama comenzó a toser y a jadear por aire. Inmediatamente, el ama de llaves agarró una máscara de oxígeno que estaba a un lado de la cama y cuidadosamente la colocó sobre la boca y nariz de la mujer. En segundos, su respiración comenzó a normalizarse.

Un poco tiempo después, llegó la enfermera que había sido contratada para pasar todas las noches junto a su

Aprendiendo a volar

cama. El ama de llaves observó su reloj y dijo: «Ay, ¡Dios mío! Estoy retrasada. Voy a perderme mi autobús». Con eso, dejó la casa, corriendo hacia la parada del autobús para alcanzar el último transporte de la noche.

Al sentarse en el autobús, comenzó a llorar, jadeando por momentos para recuperar el aliento. Aunque este ataque de dolor parecía una fuerza incontrolable, todavía trató con toda su fuerza de amortiguar sus sollozos para no molestar a los otros pasajeros. Aproximadamente a mitad de camino hacia su casa, sacó el hermoso pedazo de pergamino y lo miró con una mezcla de emociones de amor y tristeza, mientras que las lágrimas caían de sus ojos y hacían que el papel se rizara. Cuidadosamente limpió la humedad de este valioso recuerdo; sabía que siempre apreciaría estos sentimientos sinceros e invaluables expresados como una obra maestra de arte caligráfico.

Después de llegar a casa, fue directamente a su habitación. Exhausta tanto del trabajo físico como el peso emocional del día, comenzó a prepararse para dormir. Mientras se ponía su ropa de cama, volvió a mirar la pieza de pergamino que se encontraba ahora en su mesa de noche.

En ese momento, ella pensó: *¿Me pregunto por qué mi certificado de agradecimiento no fue puesto en un hermoso marco como aquéllos que yo vi que se dieron a otros empleados en el banquete?* Inmediatamente, se sintió mal por tener tal pensamiento, y siendo positiva, se tranquilizó pensando que su empleadora se hubiera tomado el cuidado de enmarcar su certificado, excepto que la viuda enferma tenía poca fuerza y estaba confinada a su cama. Al acostarse en su propia cama, dijo una oración de agradecimiento por los años en los que ella había tenido el privilegio de estar con su querida empleadora.

El próximo día llegó a su trabajo y descubrió que, durante la noche, su amiga había entrado en estado de coma. Aunque el personal médico hizo todo lo posible por revivir a la paciente, ella permaneció en ese estado todo el día.

En su camino a casa esa noche, el ama de llaves hizo una parada para comprar un marco. Cuando llegó a su casa, puso el hermoso regalo de su amiga moribunda en el marco y lo colgó en la pared de su habitación. Más tarde esa noche, recibió una llamada informándole que su empleadora había fallecido.

Los siguientes 27 años fueron muy difíciles y muy desalentadores para esta servidora doméstica. Después de que su querida amiga y empleadora falleció, no encontró a ninguna persona gentil con quien trabajar. Fue de un trabajo a otro y nunca parecía poder escapar el sentimiento de que estaba siendo menospreciada y maltratada.

A la temprana edad de 69 años, la desgastada trabajadora doméstica había trabajado literalmente hasta la muerte. Estaba acostada en su pequeño apartamento de dos habitaciones, sabiendo que quizá nunca volvería a levantarse. Su hijo, que era su único familiar superviviente, hizo un viaje de 1.200 millas para estar a su lado.

Entró al cuarto de su madre, le dio un beso en la frente y charló con ella por un rato antes de ir a la cocina a traerle una taza de té. Cuando regresó a la habitación, la pieza de pergamino hermosamente diseñada atrapó su atención. Le preguntó a su madre: «Mamá, ¿qué es este hermoso escrito caligráfico colgando en tu pared?»

Ella respondió: «Ah, es un certificado de agradecimiento de mis pasados empleadores».

«¿Qué dice?» preguntó él.

Con una mezcla de vergüenza y agravio ante el olvido de su hijo, ella le dijo contundente: «Hijo, sabes que no sé leer. Comencé a fregar pisos a lo 12 años y he estado haciendo ese tipo de trabajo desde entonces. ¿De qué me serviría leer? Sé que mi empleadora expresó su gratitud y eso es suficiente para mí.»

«Voy a leerlo. ¿Quieres saber exactamente lo que dice?» preguntó él.

«Claro, pero estoy segura de que ya sé cuál es su esencia», dijo ella, en su mejor tono de voz de «mamá sabe». Cuando él comenzó a leer esas exquisitamente redactadas palabras, le temblaron las piernas y cayó en una silla junto a la cama.

«¡Mamá!», exclamó. «Este no es un certificado de agradecimiento. Esto es una última voluntad y un testamento. Quien sea que haya sido esta dama, ¡te dejó una herencia de $5 millones!»

Esta pequeña dama, sincera y trabajadora, había sido rica más allá de sus sueños más descabellados por 27 años; ¡simplemente no había sabido la verdad acerca de lo que le pertenecía por derecho! Todo este tiempo, había tenido el boleto a su libertad colgando en la pared de su habitación, y nunca tuvo la más mínima idea de lo que estaba fácilmente disponible para ella.

Cada individuo en el planeta nació rico. No fueron solamente ricos en el sentido de que nacieron para experimentar libertad financiera (una parte de la imagen total), pero el alcance total de esta riqueza estaba destinado a ser una libertad integral en cada área de la vida.

Esta mujer había sido fiel para dar su energía y talento, aún más allá del punto de la consideración adecuada de su bienestar físico; sin embargo, nunca recorrió la otra milla en su vida de pensamientos. Desde luego, ella era sincera, pero la sinceridad y las buenas intenciones no son suficientes para vivir un sueño-propósito verdaderamente. La imagen que ella tenía de sí misma y el conjunto de pensamientos que habían creado su filosofía y realidad en la vida la habían sentenciado a una existencia de lucha en un nivel más bajo que el que, de hecho, había sido proveído para ella. Los pocos pensamientos faltantes que ella no sabía en su subconsciente eran las claves para la masa crítica que hubiera abierto la puerta a su vida de ensueño.

Sí, era multimillonaria y aún creía que era pobre. Lo que estaba fácilmente al alcance de su mano y le pertenecía por derecho era algo desconocido para ella. La ausencia de verdad sobre lo que verdaderamente le pertenecía causó que sus visiones de libertad siguieran siendo solo una fantasía. Ella había practicado la ley de reciprocidad al dar un servicio ininterrumpido y leal a su amiga empleadora, pero incluso trabajando en esa ley con lealtad había dejado a realidad distorsionada. También pensó que debía ganarse su vida ella misma y no se benefició, como podría haberlo hecho, buscando un mentor que pudiera haber tenido la visión de leerle lo que estaba «escrito en la pared», que era su verdadera herencia.

Probablemente te convertirás en lo que piensas que eres

Sería negligente dejarte con este relato valioso pero sobrio. Puedo citar justo lo contrario en muchos ejemplos de vida: Jack Robertson era un parapléjico que estuvo a tan solo 800 yardas de cruzar el canal de la Mancha nadando. Ula era una mujer nacida en un hogar golpeado por la pobreza y sin embargo, ella creyó que había nacido para ser libre. Su esposo la divorció y la dejó con varios niños para criarlos ella sola—sin ningún apoyo. Vendió porciones de pastel por 10 centavos cada uno y trabajó en varios empleos de poca paga, hasta que logró ahorrar $1.200 como enganche para comprar un terreno. Por el resto de su vida, ella acumuló una verdadera fortuna con las ventas de bienes raíces y producción de viviendas. Antes de su muerte, había donado $100 millones a organizaciones benéficas. Todos hemos sido inspirados por las madres Teresa, los Gandhis y los Nelson Mandelas de este mundo.

El pensamiento—*es **imposible vivir mi sueño-propósito*** (aunque sea mentira)—todavía llegará a ser una profecía autorealizadora para aquellos que continuamente meditan en ella. No obstante, aquellos que meditan día y noche en este pensamiento—*aunque mis circunstancias parezcan imposibles ahora, todavía debe haber una manera para que yo rompa los muros y alcance mi vida de ensueño*—abrirán ideas y estrategias que nunca se les hubieran ocurrido de otro modo.

La magia está en la otra milla

Hay una historia acerca de un hombre llamado Charlie, quien fue aclamado como «el mejor jugador de golf ciego del mundo». Un día Charlie estaba conversando con un profesional de golf conocido, a quien él había desafiado a un juego de golf de 18 hoyos, con una apuesta de $1.000 por hoyo.

El campeón del US Open le respondió en un tono compasivo, pero un tanto sorprendido: «Charlie, no puedo hacerte algo así. Eso sería como quitarle un caramelo a un bebé».

Charlie se mantuvo firme y dijo: «No te preocupes por mí. Solo elige el campo de golf y yo escogeré la hora y fecha.»

«Bueno», respondió el profesional de golf, «juguemos en el campo de Augusta.»

«Perfecto», dijo Charlie. «Jugaré contigo cualquier noche después de las 11:00 p.m.»

Sí, tus pensamientos determinan qué posibilidades puedes ver y «lo que ves es lo que obtienes».

Recuerdo haberme sentado en una audiencia viendo a un grupo musical que estaba tocando ante miles de personas. Después de que terminaron, un orador se levantó y dio una plática. Esas personas en el escenario se veían más grandes que la vida para mí. Los veía como intocables y su lugar de propósito en la vida como algo absolutamente inalcanzable.

Años antes, yo había tenido una visión de lo que iba a hacer para servir mi propósito mientras observaba a un orador

Aprendiendo a volar

dar una discurso ante una audiencia de 65.000 personas en una ladera en Mercer, Pennsylvania. Pero durante los años que siguieron a ese momento, fui mezclándome gradualmente con la gente de pensamientos común que estaba a mi alrededor. Me convertí en más bien una hormiga obrera en un hormiguero, con un sentimiento de insignificancia, cuando observaba el panorama general de la vida. Estaba arrastrándome por la vida— la mayoría del tiempo, dando conferencias gratuitas, pagando mis propios gastos y esperando vender algunas cintas para sobrevivir.

Luego me di contra ese «muro» que oímos que mencionan los corredores de maratón. Tú sabes por las partes de mi historia que he compartido contigo anteriormente en este libro que no solo había «un muro contra el cual chocar», sino que también había «un piso donde dormir». En este punto bajo de mi vida, me enfoqué en la realidad. Me deshice de mis pretensiones engañosas, todos los trucos de la mente y excusas con las que había estado viviendo como fórmula secreta para evadir mi propósito. Era el momento de tomar una decisión: Tenía que romper ese muro o hacerlo aún más alto.

A través de la ***inspiración de la desesperación***, decidí romperlo para poder atravesarlo. Recuerdo que tuve que trabajar en mi persona todos los días para continuar sintiéndome sano y resistir la tentación de caer en sentimientos de desesperación total. El programa diario de sustitución de pensamientos que usé en ese tiempo era más mucho más irregular que el que te he dado en este libro. Pero todavía me funcionaba porque hice lo que siempre gana cuando estás trabajando con principios sólidos, incluso cuando tus estrategias son un poco inestables: La llave que puede abrir la puerta se llama **consistencia diaria**. Continué con la sustitución de pensamiento antes de que ni siquiera supiera cómo llamarlo, y puedo recordar claramente uno de los momentos en el cual tuve un choque emocional consciente que me permitió saber que algún tipo de gran cambio se había llevado a cabo en mi corazón y mente.

Durante ese mismo periodo de tiempo de dormir en el piso, fui a escuchar a un famoso autor dar una conferencia. Había estado grandemente impactado por sus libros. (Sus escritos probablemente están entre los diez libros más vendidos de todos los tiempos. Puedes sentir tu vida cambiando y mejorando cuando lees una de sus obras.) Esta increíble persona que ha tocado a un número infinito de personas a través del mensaje de su vida fue un hombre llamado Og Mandino.

Mientras estaba sentado escuchándolo hablar, sentí que su mensaje entró a un lugar de mi corazón en el que yo había estado buscando una dirección desesperadamente. Su enfoque amigable, cariñoso y realista para compartir principios era un estilo que era consistente con quién era él verdaderamente en su interior, y su corazón incluso parecía hablarme más claramente que sus propias palabras. Podía darme cuenta que él no estaba tratando de impresionar a nadie y me identifiqué totalmente con la autenticidad de su mensaje.

Por la primera vez en muchos años, estaba seguro (sin duda alguna) de que yo también tenía el propósito de compartir un mensaje de valor genuino con la gente alrededor del mundo—aunque sería con un estilo diferente. Por bastante tiempo, yo había entendido cuál era mi propósito, pero en ese momento, di un paso gigantesco hacia adelante al saber el propósito para el que estaba (y estoy) aquí para fluir.

¿Cuáles son tus dones y talentos en relación a tu propósito? Tu don quizá sea compartir en el mundo de los negocios; ayudar a la gente en su vida personal física, mental, educativa o espiritual; o proveerle a la gente un producto tangible.

Criar hijos maravillosos definitivamente es un propósito poderoso en la vida, ¿pero qué ocurre cuando crecen y se van del hogar? Hay un don que estás aquí para compartir que va más allá del cuidado y alimentación que proporcionas a tu familia.

Cualquiera que sea el propósito y don principal que estás aquí para compartir, dos constantes absolutas son los hilos dorados que corren a través del propósito de todo ser humano. Lo primero es que sean cual sean tu propósito y tus dones, a medida que fluyes en ellos, de alguna manera estás bendiciendo y sirviendo a otras personas. El segundo constante es que la actividad de tu propósito y tu don es algo que puedes amar hacer los siete días a la semana, incluso si nunca te pagan por hacerlo.

Esto por supuesto no significa que no habrá desafíos. Y desde luego no significa que no habrá algunas partes de tu actividad de propósito en las que te encante trabajar mucho más que en otras áreas que debes atender para compartir tus dones y talentos de forma efectiva. Pero, sobre todo, tienes que amar todo el panorama de tu propósito—desde las pinceladas más grandes y anchas hasta los detalles más finos.

La magia está en la otra milla

La realización de las tareas más insignificantes puede traer algunas de las más grandes satisfacciones porque tú sabes que la tarea aparentemente pequeña está alimentando la vida total de tu sueño-propósito.

Ese día, mientras estaba sentado escuchando a Og Mandino, la voz de mi propósito me estaba hablando claramente y en voz alta—o podría decir que finalmente estuve en un lugar en mis pensamientos en el cual por fin pude oír lo que se había estado diciendo desde el principio. Un sentido abrumador de esperanza y temor brotó dentro de mí. Por un lado, sentí un maravilloso conocimiento de que mi futuro estaba asegurado si continuaba persiguiendo mi propósito con pasión. Pero por otro lado, me sentí atacado por el temor cuando racionalicé el hecho que no tenía idea de cómo encontrar la clase de oportunidades necesarias para lanzarme al próximo nivel del propósito en mi vida.

Después del evento, iba pasando por las oficinas del edificio donde se estaba llevando a cabo el seminario. Al mirar a través de la puerta abierta, vi a Og de pie junto a un escritorio platicando con los dos hombres que eran mis mentores en ese momento. Entré a la oficina y luego me presenté al Sr. Mandino. Sin reserva alguna, dejé escapar la aflicción que había en mi corazón. Hablando con los tres hombres, yo les dije: «Algo me pasó esta noche que es un poco confuso».

«¿Qué es?» preguntó uno de mis mentores.

«Bueno», respondí, «tuve un sentimiento abrumador, mientras el Sr. Mandino estaba hablando, de que estaba más "enfocado en mi propósito" de lo que alguna vez estuve en el pasado; pero al mismo tiempo, mi propósito pareció darme un poco de temor. Sentí que yo no era lo suficientemente fuerte; no estaba seguro de cómo lograría poner todo en su lugar. ¿Cómo puedo conseguir la misma confianza que tienen ustedes? ¿Cómo puedo encontrar las oportunidades que necesitaré para alcanzar a mi próximo nivel?»

Og me miró con compasión. Sin decir una palabra, pareció decir: *Jovencito, recuerdo haber estado en la misma posición en la que te encuentras tú.*

Luego uno de mis mentores puso su mano en mi hombro. (La cosa de la mano en el hombro era parte de su estilo. Él solía hacer eso cuando estaba a punto de decirme algo muy importante.)

Yo pensé: *¡Genial! Va a darme un plan paso por paso con la explicación exacta del A, B, C y D para saber cómo hacer que suceda.*

Me miró directo a los ojos y dijo: «Larry, tú vas a saber».

Eso fue todo. Esperé por el resto de la historia, pero nunca llegó. Debo admitir que me sentí un poco estafado. Aunque traté de disimular mi desencanto, su respuesta pareció sumar más a mis preguntas que ayudarme a proveer una solución.

Me despedí rápidamente, le di la mano a Og Mandino de forma cálida y le agradecí por toda la ayuda que me había dado a través de sus libros y su conferencia de esa noche.

Mientras me subía al auto para conducir a casa, mi mente

estaba perpleja. Seguí diciéndome a mí mismo: *¿Tú vas a saber? ¿Tú vas a saber? ¿Qué clase de respuesta es ésa? ¿Cómo me ayuda eso con mi dilema actual?*

Después de 20 minutos de conducir y quejarme por la insatisfacción de la respuesta «tú vas a saber», dije estas palabras: «Yo voy a saber». Dije otra vez: «Yo voy a saber». Luego lo dije acentuando el *yo*: «**Yo** voy a saber». Después dije: «Yo **voy** a saber», y luego: «Yo voy a **saber**».

Entonces me di cuenta: El temor que estaba experimentando, estaba siendo alimentado no solamente porque no sabía cómo lo lograría en ese momento, sino también porque no creía que yo era lo suficientemente inteligente como para descifrarlo y poder **saber** verdaderamente. Recordé algo que Og había dicho esa noche: «Es un gran privilegio el que se me hayan **dado** las palabras para escribir en mis libros y para hablar a ustedes esta noche».

Pensé... ¡Qué maravilla!... que se me hayan dado! No concebí este propósito yo solo; se me ha sido dado. Y de la misma manera que sé que este propósito me fue otorgado, también sé que mi propósito es real. Y también puedo saber que los pasos que necesito tomar para ver la realización de mi sueño-propósito se verán con claridad a medida que sigo yendo hacia adelante. Voy a saber cuál será el próximo paso a dar cuando esté listo para darlo; y de la misma manera que sé mi propósito, sabré todo lo demás que necesite saber, cuando necesite saberlo.

Era un poco extraño, pero una vez que creí que esas palabras «yo voy a saber» eran verdad, ya no necesité saber nada más inmediatamente. Supe que lo que necesitaba estaría allí para mí cuando lo necesitara. Quizá no me llegaría hasta un segundo antes de necesitarlo, pero estaba bien. Mi parte en el proceso era seguir recorriendo el camino de mi sueño-propósito para poder arribar al cruce designado. En esas intersecciones, las respuestas y todo y todos los que yo necesitara para completar esa fase de mi propósito ya estarían esperándome.

¡Qué maravilla! ¡Eso quitó una gran carga de mis hombros! Estuve tan feliz de que mi mentor había tenido la sabiduría de detenerse en esa respuesta de pocas palabras: «Tú vas a saber». Creo que si él me hubiera dado una explicación paso por paso, yo hubiera pasado por alto totalmente lo que mi corazón ansiaba. En ese momento, no necesité saber cómo llegaría todo. Él podría enseñarme los pasos de acción después. Solo necesitaba saber que el mismo sueño-propósito que me había impulsado hacia adelante hasta ahora y me hizo atraer a tan grandes mentores, también me haría ser un imán para todo eso que necesitaría en cada paso del camino.

Me sentí agradecido por estar viviendo mi propósito y tener la oportunidad de hacer lo que amaba, que era el trabajo de mi vida de dar y compartir con otros. Tenía dificultades financieras en ese momento pero junto con todos los otros «conocimientos» llegó el conocimiento de que, si continuaba siendo y haciendo lo que era mi propósito, entonces el dinero seguramente estaba esperándome en algún cruce en el futuro. Por ahora, debía disfrutar de la aventura y pasar todas las pruebas de cambiar mis pensamientos lo más rápido posible, para que mi vida externa pusiera alcanzar lo que sabía en mi corazón que era mi verdadero destino.

Mi amigo, al reemplazar tus pensamientos y al hacer tu sueño-propósito tu mundo de realidad, te conviertes en una autoridad en tu razón para estar aquí. No te conviertes en un intelectual, en un sabelotodo; sino que, en tu corazón, en el verdadero tú, te conviertes en una autoridad. Caminas, hablas, actúas y piensas desde el centro de tu ser. Tú sabes que sabes y la gente a tu alrededor sabe que sabes algo. Puede que no sepan exactamente qué es lo que sabes, pero ellos definitivamente saben que has percatado algo grande. Lo que están percibiendo de ti es que ya no estás en un estado de dudas. Ahora estás absolutamente arraigado en la autoridad de tu propósito.

La autoridad de tu propósito

Un día, cuando estaba en la ciudad de New York dando una conferencia, decidí dejar la habitación de mi hotel para dar una caminata por Broadway. Me estaba sintiendo un poco encerrado—aunque las habitaciones de hotel en New York pegadas a la avenida Broadway cuestan tres veces más que lo que costaría la habitación de un hotel en las afueras de la ciudad, no son necesariamente tres veces más grandes—y era un día hermoso de primavera. Estaba programado para dar una conferencia en la sala Avery Fisher Hall (le cambiaron el nombre a David Geffen Hall en 2015) del Lincoln Center la siguiente mañana y mi hotel estaba enfrente de un pequeño parque. No tenía ningún negocio que atender ese día, por lo tanto, pensé que podría disfrutar las vistas de una de las calles más famosas de la Gran Manzana.

Mientras estaba haciendo mi caminata, paré delante de un vendedor ambulante en la Calle 53 y Broadway para comprar una botella de agua. Justo en ese momento, oí el chirrido de neumáticos y el fuerte sonido de frenos de aire en pleno funcionamiento. Junto con cientos de otros espectadores, giré mi cabeza justo a tiempo para ver un camión semirremolque, con uno de esos largos remolques en la parte trasera, dejando marcas de goma

Aprendiendo a volar

sobre el pavimento. Los neumáticos estaban vibrando con la presión de la pesada carga y la cabina del camión botó con un movimiento de saltos y giró levemente hacia el lado. Miré directamente al frente de ese enorme camión y vi un hombre que medía unos 5'10" (1,77 m) extendiendo su mano con guante blanco. Estaba todo engalanado con el uniforme inmediatamente reconocible de oficial de policía de la ciudad de New York.

Observé la estatura del oficial de policía comparada con el tamaño del camión, y aunque el conductor del semirremolque de hecho nunca se bajó de él, pude ver a través del parabrisas que parecía ser un hombre mucho más grande que el policía de tránsito. Obviamente, el policía nunca hubiera podido detener físicamente esa camión y, salvo por el arma sujetada a su cintura, probablemente tampoco hubiera podido detener físicamente al hombre en el camión. Entonces, ¿por qué se pararía en medio de una transitada calle de New York enfrente de un vehículo de 18 ruedas y esperaría que parara, sin por lo menos, sin ni siquiera una disputa del conductor? Porque tenía la ***autoridad*** para hacer eso.

¿Por qué puedes pararte frente a desafíos aparentemente increíbles y todavía saber que la vas a sobrevivir—y no solo sobrevivir por poco—sino romper los muros y prosperar? Al practicar sustitución de pensamiento diariamente, estableces una fundación de verdad que sostiene un conocimiento poderoso de la autoridad de tu propósito. La autoridad de tu propósito te da la confianza para avanzar, con una conciencia de tu verdadero destino, aunque todavía no sea obvio en tus circunstancias externas presentes.

Ese oficial de policía había recibido un conjunto de

pensamientos que se habían convertido en su filosofía y en su realidad; por lo tanto, él no retrocedió frente a un desafío. No había duda en su mente que cuando levantó su mano, tenía toda la autoridad que necesitaba para ordenarle a ese camionero que detuviera ese camión de inmediato.

A medida que edificas diariamente tu grupo de pensamientos basados en principios, sabrás con aún mayor claridad que tienes autoridad absoluta para salir adelante y convertir tu sueño-propósito en una realidad, incluso frente a las probabilidades que son aparentemente insuperables.

Bueno, allí lo tienes. Puedes desatar tu mejor futuro, y tus mejores sueños ahora están a tu alcance. En este pequeño libro, ciertamente no he cubierto todo el conocimiento y crecimiento que necesitarás para vivir tu sueño-propósito en su totalidad. Pero he descubierto y abierto la puerta que conduce a todo lo que se necesita para acceder a la libertad para ser y vivir tu sueño-propósito. Es el portal hacia una mente renovada—una que no está abarrotada con diálogo interno negativo y visión nublada. Es como la dama que constantemente se quejaba acerca de qué tan sucia y sórdida era la casa de su vecina mientras la miraba con desdén desde la ventana de su cocina. Un día soleado, su cara se puso roja de vergüenza al darse cuenta de que no era la casa de la vecina la que estaba sucia—era su ventana la que necesitaba limpieza.

Te sentirás menos intimidado por lo que la gente piensa y más confiado acerca de lo que sabes. Tienes lo que se necesita para recorrer la otra milla en tus pensamientos, los cual te permitirá ir la otra milla en tus palabras, acciones y proezas. Se te ha dado lo que necesitas; es solo una cuestión de que decidas «trabajar con lo que realmente funciona».

Otra gente podrá tratar de hacerte sentir peculiar, o quizá se inspiren para seguir tu ejemplo y comenzar a renovar sus mentes también. No obstante, lo que los otros hacen o no hacen no debería convertirse ni en un aliento esencial ni un efecto disuasorio. Sin importar lo que otros hagan o dejen de hacer, es tu derecho avanzar más allá de las millas comunes y el pensamiento común—renovándote en tu mente y emociones—para generar masa crítica, la cual crea libertad. A ti te pertenece tener un mentor y ser un mentor, para saber el poder de un programa de sustitución de pensamientos diario, y para aprender cómo volar hacia las alturas de tu propósito.

Vuela, bebé, vuela
Hasta que nos volvamos a ver en las páginas de mi próximo libro o quizás en persona en un evento en vivo donde esté dando una presentación, permíteme dejarte con esta historia de un águila. (Te animo a que estudies la vida de las águilas. Creo que encontrarás muchos paralelos grandes de crecimiento y se relacionarán muy cercanamente con el águila voladora que fuiste destinado a ser en tu verdadero yo.)

Un día, una madre águila comenzó a construir su nido en un saliente escarpado de un acantilado rocoso, muy por encima del área donde los depredadores terrestres podían ascender. Ella sabía instintivamente que pronto estaría poniendo los huevos que contendrían sus milagritos de vida. Recogió ramitas para construir la fundación del nido, junto con una capa para la superficie que consistía en piezas de tela, pelaje, plumas y pasto. Puso sus huevos y los mantuvo cálidos con el calor de su cuerpo hasta que sintió la vida moviéndose debajo de ella. Al poco tiempo, sus aguiluchos rompieron la cáscara de los huevos para poder saludar a su madre amorosa, y su nuevo mundo.

A lo largo de un periodo de tiempo, los aguiluchos percibieron un patrón y estilo de vida desarrollándose a través de las acciones de su madre. Consistía en el desayuno, el almuerzo y cena—en la cama—con tiempos extendidos para jugar en medio. Aunque no tenían nada con qué compararlo, creían que la vida que llevaban era súper buena; realmente les «iba excelente». Expresaron su amor, aprobación y gozo por la vida a su madre a través de sus chirridos de bebé; y siguieron aprovechando a pleno su aparentemente permanente servicio de habitación, las 24 horas del día. Ellos pensaron: *¿Cómo podría la vida ser mejor que esto? Nos gusta lo que haces, mamá. Sigue haciéndolo.*

Un día, después de una de sus expediciones de caza, Mamá Águila regresó al nido para alimentar a sus bebés. Después de que terminaron de comer, ella sacó toda la tela, el pelo, las plumas, pasto y otros materiales confortables y suaves de la superficie del nido y los arrojó por un lado del acantilado hacia el suelo. Los bebés, con su experiencia limitada de vida, asumieron que mamá solo estaba remodelando el nido para hacer su pequeño mundo aún más disfrutable.

Los humanos pueden parecerse mucho a estos aguiluchos, en el sentido de que les gustaría que cada transición en la vida significara una transición rápida hacia mayor comodidad. Si estos fueran bebés humanos, uno de ellos quizá haya dicho: «¿Qué estás haciendo, mamá? Vas a construir un cuarto de juegos más grande a un lado de la casa? ¿Podemos tener un Nintendo?»

Pero por supuesto, Mamá Águila sabía exactamente lo que estaba haciendo por sus pequeños tesoros, y no tenía nada que ver con un nivel más extremo de comodidad instantánea. Después de remover todo el relleno suave que había cubierto el nido, solo quedaban las bordes puntiagudos de las ramitas; y estos estaban picando a los bebés en sus pancitas y costados, haciéndolos muy incómodos.

Un espacio en la vida en el que estás fuera de tu zona de confort es un hermoso lugar para estar, aunque generalmente no se siente maravilloso en ese momento. ¿Me harías el favor de probar esto, amigo mío? ¿Puedes decirte la siguiente oración a ti mismo? *¡Estar incómodo puede ser maravilloso!* Nota cómo te sientes cuando haces esta declaración. Por lo general, se siente muy inquietante y muy afirmativo al mismo tiempo. Te sientes inquieto porque rara vez disfrutas la incomodidad de estirarte y crecer a través del cambio. Te sientes confirmado porque en lo más profundo de tu corazón, sabes que no estuviste destinado para vivir en el presente nivel inferior por el resto de tu vida. Esto te da no solamente esperanza para el futuro, sino (a medida que continúes sabiendo la verdad acerca de tu propósito) también conciencia de que cualquier situación que estés atravesando en este momento a la larga está trabajando para tu bien.

Bueno, estos aguiluchos estaban poniéndose más incómodos cada minuto. Cuando Mamá Águila vio que finalmente se habían frustrado totalmente con el cambio en su situación de vida, recogió a uno de sus bebés por la nuca y lo arrojó por el borde del acantilado. Fue cayendo en picada hacia la tierra, que estaba a cientos de pies debajo de la seguridad del nido. A medida que el aguilucho acumulaba velocidad con cada pie adicional de caída, su corazón palpitaba más y más rápidamente—hasta que sintió que le explotaría y saldría de su pequeño pecho. La mente del aguilucho también estaba trabajando a toda velocidad, tratando de entender la situación. Aunque minutos antes había visto a su madre como una madre maravillosa y cariñosa, ahora comenzó a cuestionar esa suposición. *Creí que mamá me amaba. ¿Qué hice yo para merecer haber nacido en un lugar tan abusivo?*—y un montón de otras contradicciones empezaron a surgir en su proceso de pensamiento.

Justo entonces, apareció Mamá Águila. Con menos de 50 pies separando al bebé de lo inevitable, ella se zambulló debajo de su hijo con precisión y lo atrapó con su ala derecha que estaba perfectamente posicionada. Llevó a su pequeñín hacia el nido y lo colocó suavemente en su zona de confort que era familiar, pero sin acolchado. Luego agarró rápidamente a otro aguilucho e hizo lo mismo con ella, tirándola por la orilla del acantilado hacia el vacío. Mientras que la bebé número dos iba en caída, el primer bebé que había sido lanzado por el acantilado organizó una reunión con sus otros hermanos y hermanas.

Aunque fue una conferencia muy breve, hubo un voto inmediato y absoluto en favor de la decisión de llamar a la línea directa de abuso de águilas: 1-800-MALAS-MADRES, y entregar a mamá a las autoridades. Para justificar su recién aprobado plan de acción, el presidente de la reunión presentó su caso claramente: «Nuestra madre parecía ser buena por un tiempo, pero ahora ya debe estar cansada de tener niños; va a matarnos uno por uno». Con una incredulidad pasmada, este grupo frágil y pequeño afirmó que todos compartían esa percepción

Aprendiendo a volar

plenamente consistente.

Diariamente, esta madre águila amorosa repetía este aparentemente irracional ejercicio de terror tantas veces como los corazones y nervios de los pequeños bebés pudieran soportar. Los aguiluchos se dieron cuenta de que su madre no necesariamente los iba a dejar golpearse sobre el suelo, pero aún existía la posibilidad de que ella estaba intentando asustarlos hasta la muerte.

Un día, mientras una de las crías estaba tomando su vuelo rutinario de alta velocidad, ella volvió a recorrer cada pie de espacio con un intenso sentimiento de *déjà vu*. De repente se dio cuenta de que ya no estaba cayendo en picada vertical. Miró hacia su derecha y luego a su izquierda; vio sus alas moviéndose en un ritmo sincronizado. Aunque perdía el ritmo cada tantos segundos, rápidamente volvía a retomar su postura e impulso en el vuelo. Con un gran sentimiento de logro, la pequeña águila dejó escapar un grito chirriante a su audiencia fascinada de hermanos: «¡Puedo hacer lo que hace Mamá! ¡Puedo hacer lo que hace Mamá! ¡Soy como Mamá! ¡Puedo volar! ¡Puedo volar!» Sí, la vida por momentos te presenta lo que parecen ser circunstancias poco deseables y periodos absolutamente incómodos de cambio. Debes saber que todo esto es para tu bien superior.

Ayer, mientras abordaba un jet para regresar a casa tras un compromiso de conferencia en Orlando, Florida, nuevamente recordé el paralelo entre un viaje por aire y perseguir un sueño-propósito. La voz del piloto resonó en los altavoces, haciendo el anuncio que he oído un sinnúmero de veces: «Buenas noches y bienvenidos a bordo. Hemos verificado las condiciones para nuestro viaje y quería decirles que antes de alcanzar nuestra altitud de crucero de 37.000 pies, probablemente vamos a experimentar alguna turbulencia durante nuestro ascenso a través de las nubes. Pero una vez que alcancemos nuestra altitud de crucero, deberíamos tener condiciones mucho más suaves a medida que continuemos nuestro vuelo.»

Una vez más, al escuchar esas palabras, pensé en mi interior: *Es igual que la vida*. De la misma manera que abordas un jet para volar del punto A al punto B y sueles tener que atravesar algo de turbulencia para alcanzar la altitud deseada para un vuelo óptimo, así también vas a experimentar una turbulencia similar en la vida mientras persigas tu sueño-propósito. Lo que hay que recordar es que la turbulencia no tiene el poder para pararte o matar tu sueño-propósito. Es simplemente una puerta hacia tu próximo nivel.

Cuando tú decides, de una vez y por todas, que no se te negará el nivel más alto de tu sueño-propósito, entonces, con una determinación total, tendrás la voluntad de hacer cualquier cambio necesario; harás lo que sea para no conformarte con menos que lo mejor que ya lleva tu nombre. La sustitución de pensamientos positiva es un proceso de voluntad que tu elijes para ti mismo, no una tarea obsesiva que hay que aguantar. Es una vida llena de anticipación por las oportunidades que se van desplegando ante tus ojos.

Sabes que no hay forma de evitar la ley irrefutable que declara: «Tal como es por dentro, así será por fuera». Si puedes saberlo en el interior, entonces solo es cuestión de tiempo para que lo veas manifestado en el exterior.

Aprendiendo a volar

Ir tras tu sueño-propósito en la vida puede parecer ser opcional, y es verdad que puedes decidir evadirlo. Pero solo es posible estar verdaderamente vivo mientras estás viviendo si haces de la vida una gran aventura y de cada día una búsqueda continua de tus niveles más altos.

Sí, la magia está en la otra milla y esa otra milla está llena de persistencia, determinación, adherencia, durabilidad y un conocimiento sólido de que todo está trabajando junto para tu bien. Estos atributos no vienen al tratar de reforzar tu poder de voluntad a través de un mero ejercicio del ego. Una de las verdades profundas que has observado a través de las páginas de este libro es que «eres transformado al renovar tu mente». A medida que esto se lleva a cabo dentro de ti, al final tú experimentas, a través de este cambio en la forma de pensar, un cambio en tu ser y en tu actuar.

Mucho tiempo después de que hayas volado a través de la turbulencia para llegar a un nivel más alto de tu sueño-propósito, y esta sea nada más que una memoria borrosa de una serie de pensamientos reemplazados, continuarás disfrutando de la libertad de volar por las alturas de tu destino. Por lo tanto, sigue adelante y sabe que tu sueño-propósito es absolutamente imparable. Sé el verdadero tú, que fue, es, ¡y siempre será quien naciste para ser!